テクノファンダ分析で学ぶ失敗しない投資法

初心者でも買うべき銘柄と売買のタイミングがよくわかる!

「テクノファンダの会」講師
千葉 薫
山本勝秀

小学館

はじめに

資産運用の選択肢のひとつとして根強い人気を誇る株式投資ですが、老後2000万円問題が発出して以降、ますます注目を集めるようになりました。政府も「貯蓄から投資へ」というスローガンを掲げていますが、その流れで多くの人が株式投資市場に参入し、証券口座の開設数は急増。今回のコロナショックはその傾向にさらに拍車をかけているようです。

しかし、証券口座を開設して運用を始めてみたものの、思ったような結果が出ないという方は少なくありません。投資を成功させるために投資セミナーに参加するなどして独力で投資の知識を学ぼうとする初心者の方は非常に多いのですが、結局「誰かの薦めるがままに」銘柄を買うだけでは、肝心の投資の知識は身につかないように思います。

同時に、近年の投資業界では「大化け株」「超短期成長銘柄」といった「今後の急成長が大きく期待される銘柄」探しが流行していますが、残念ながら投資初心者がこうした株に手を出しても、成功することはほとんどありません。このような「お宝銘柄」探しに傾倒しても、偶然に一度や二度うまくいくことはあるかもしれませんが、株式投資で将来的に長くリターンを得られる実力を身につけることはできないのです。それればかりか、大切な資金を投じたにもかかわらず、取り返しのつかない深刻な「事故」――「10倍になると聞いていたのに株価が下がりつづけた」「売るタイミングがわからずにずっと保有しつづけていたら、含み益がマイナスになってしまった」という悲惨な事態につながるケースも決して少なくありません。

本来の株式投資とは、「その企業に資本を投資する価値があるか」を考え、売買のベストタイミングを見極めなくてはならないものです。すなわち、「成長確実といわれているから大丈夫！」「有名な投資家がお薦めしているから大丈夫！」というような漠然とした理由で株を選んでも、成功することはありません。しっかりした根拠を持って銘柄を買い、ベストタイミングで売買を行って初めて、長いスパンで大きなリターンを得ることができるのです。

そこで本書では、株式投資を始めたばかりの方、あるいはこれから株式投資をやってみたいという方のために、「テクノファンダ分析」という手法を解説しています。

株式投資の手法としては、大きく分けて「ファンダメンタルズ分析」と「テクニカル分析」のふたつがあります。前者は売上高や財務状況からその企業の価値を推定する方法で、後者は株価や株の売買実績をグラフ化した「チャート」からその銘柄の将来的な値動きを推定する方法です。それぞれの手法があまりにも異なるために、大半の投資家は「ファンダメンタルズ派」「テクニカル派」とに分かれ、これまで両者はそれぞれ相容れないものとされてきました。

しかし、ファンダメンタルズ的視点もテクニカル的視点も、どちらも株式投資においては重要な視点です。私たちは両者の「いいとこどり」をすべく、「ファンダメンタルズ分析」と「テクニカル分析」を融合させた「テクノファンダ分析」という手法を提唱しています。

テクノファンダの最大のメリットは「買うべき銘柄」と「売買のタイミング」がわかるようになることです。さらに、ファンダメンタルズ的な視点とテクニカル的な視点の両方、すなわち投資に対する総合的な分析力を持って株式投資に臨むことで、「事故」のリスクを大幅に減らすことができます。

テクノファンダにおいては「大きなリターンが欲しい」という漠然としたゴールではなく、「いつまでにいくら勝つか」という具体的な目標を設定します。では、そのゴールを叶えるためにはどうすればよいのか。テクノファンダを使えば「今はこの方法だと勝てる可能性が高い」「このパターンを使えば失敗するリスクが少ない」など、採るべき道が自然と見えてくるようになります。

つまり、テクノファンダによって得られるのは、付け焼き刃ではない「本物の投資力」――自分で銘柄を選び、「買い時」と「売り時」を把握する力なのです。

本書では、第1章で株式投資初心者が陥りやすいワナを解説し、第2章では株式投資で失敗しないための基礎知識とテクノファンダの基本を、第3章でテクノファンダ分析の具体的な方法を紹介しています。株式投資には「こうすれば必ず勝てる！」という明確な公式があるわけではなく、それはテクノファンダにおいても同じです。「株＝企業」というのは一種の「生もの」であり、将来的に株価がどう動くかについては、残念ながら100％の予測を立てることはできません。

しかし、過去の銘柄がどう動いたかを学ぶことで得られる「経験則」は、今後の株式投資に必ず役立てることができます。そこで第3章では、7つの銘柄をテクノファンダで読み解いていきます。実際の銘柄の動きからテクノファンダを実践するポイントを習得していただくとともに、「起こりうる事故のパターン」を経験則として学んでいただけるはずです。

株式投資市場では、百戦錬磨のプロ投資家と初心者投資家とが同じ土俵で戦うことになります。初心者が丸腰で臨んで勝てるほど、甘い世界ではありません。しかしテクノファンダという手法は、株式投資における確実な「武器」になりえます。テクノファンダを使って「銘柄の選び方」と「売買のタイミング」を把握できるようになれば、そして「今後の株価の動き」――「起こりうる値動きのパターン」を事前に想定することができるようになれば、「事故」のリスクを激減させ、長期的に確実なリターンを得ることができるでしょう。

本書を通してテクノファンダを学び、あなたの株式投資を成功させる大きな第一歩を、今こそ踏み出しましょう！

目次

第❹章 テクノファンダで「事故」にならない投資マインドを身につける

第1章

株式投資初心者が失敗する理由とは？

ネット証券の手軽さにだけ気を取られて、丸腰状態で参戦してしまう

1998年に日本でネット証券が生まれて「ITバブル」が起こり、株式投資を始める人がにわかに急増しました。

それまでは、株式投資を始めようと思ったら、対面型の証券会社で口座を開き、担当者を前にして投資すべき銘柄をあれこれ探すというのがセオリーでした。しかし、対面型の証券会社を利用するのはなんだか敷居が高くて緊張するものです。くわえて手数料も高く、投資に興味があってもなかなか挑戦できない……。そんな方にとって、ネット証券の登場は、大きな追い風となったのです。

ネット証券は、ゼロに近い手数料金額で投資が可能であり、24時間自分の好きな時間に取引を行うことができます。一株単位で売買できることも大きな魅力で、そ

れまでの株式投資では「ある程度まとまった資金が必要」とされていましたが、誰もが数百円というレベルから気軽に投資を行えるようになりました。いわばネット証券は、初心者投資家に「投資する自由」をもたらしたのです。

しかし、ネット証券にはデメリットもあります。

「対面型」という煩わしさがないのは、投資初心者にとってうれしいポイントかもしれません。しかし、その代わりに専門家の適切なアドバイスを受けられないという点には、注意が必要です。どの銘柄を選ぶべきか。いつ買っていつ売るべきか、それらを判断するための情報や知識を、すべて独力で得なければなりません。

ネット証券では、投資家個人の「投資力」が大きく求められるわけです。

株式市場には、投資に精通した一般の投資家のみならず、機関投資家や外国人の投資家など、百戦錬磨の「プロ」が星の数ほど存在します。誰もが同じ市場で同じ銘柄を、提示された価格で売買できる株式市場は、一見すると平等性が非常に高いように見えますが、一度参加するとそこでは「プロ」「アマチュア」という区分けは設定されません。

スポーツの世界であれば「プロ」と「アマチュア」とでリーグが分かれ、それぞれ同じような力量の相手と戦います。しかし投資の世界では、株式投資を始めたばかりの初心者であっても「いち投資家」としてプロと同じフィールドに立たされることになります。たとえ投資のルールや「勝つ方法」を知らなくても、経験豊富なプロを相手に、独力で戦わなければなりません。

あらゆる分野において、初心者は、その世界にすこしずつ足を踏み入れていくものです。スポーツや音楽の世界でいえば、初心者が最初から最高級の機材を揃えるというのはほとんどなく、最初は自分に合ったレベルのバットやラケット、楽器を揃え、地道な練習を重ねて上達していきます。

これは株式投資でも同じことで、初心者は**少額の運用資金から始め、ルールやテクニックを学ぶとともに経験を積み、それにともなって少しずつ投じる資金を増やしていく**というのが定石です。

しかし実際には、株式投資のことをよく知らないまま、いわば「丸腰状態」で市場に参戦し、大金を投じる初心者が非常に多いのです。

ネットの世界で得た情報を鵜呑みにしてしまう

「株式投資をやってみよう！」と決意してネット証券に口座を開いた投資初心者の方々が、次のアクションとして行うのが「情報収集」です。つまり、どの銘柄を買うべきかを決めるわけですが、多くの方が利用するのがインターネットでしょう。

インターネットであらゆる情報を入手できるようになった現代では、「株式投資必勝法」「勝てる銘柄」といった言葉を検索するだけで、誰でも簡単に「必勝法」にたどり着けます。特に、有望銘柄情報を交換するネットの掲示板や有名な投資家のブログが大変な人気を集め、ＴｗｉｔｔｅｒやＩｎｓｔａｇｒａｍなどのＳＮＳでは「１日で１００万円の利益確定！」「１年で１０００万円稼いだ！」といった投資家が、株式投資のマル秘テクニックを公開しています。
しかし、ここにも投資初心者が陥りやすい「ワナ」が仕掛けられています。

そもそも「株式投資家」を名乗るのに特定の免許や資格は必要ありません。株を買った人であれば誰もが「投資家」であり、「株式投資で1億稼いだ！」といった実績を自称するだけで、「カリスマ投資家」としてみなされるわけです。なかには、投資の知識を持たずにビギナーズラックで大金を得て、「カリスマ投資家」として賞賛されている方もいるでしょう。

元メジャーリーガーのイチロー選手は、「どうやってヒットを打ったのかが問題です。たまたま出たヒットではなにも得られません」という名言を残していますが、この言葉を株式投資に当てはめて考えると、大きな教訓を与えてくれるように思います。すなわち、株式投資でリターンを得るためには**「どうしてリターンを得ることができたか」の理由をしっかり理解している**ことが重要であり、たとえ偶然に高いリターンを得ても、その後も勝ちつづけることができるわけではないのです。

もちろん、ネットの世界で人気を博している有名投資家のなかには、運ではなく実力でその地位を築いている方もたくさんいます。しかし、ここで問題となるのは、投資初心者は、その投資家が発信する情報がちゃんとした情報なのか、怪しいソースに基づいた情報なのか、判断する術を持たないということです。

ネット社会となった現代、メディアリテラシー――すなわち「情報を取捨選択する力」の必要性が大きく叫ばれるようになりました。しかし、「正しい情報」「有益な情報」を、どう判断すべきか。つまり「この人の言うことなら信用できる！」という株式投資家を、どう見極めればよいのか……。「どの銘柄を買うべきか」「いつ買って、いつ売るべきか」すらもよくわからない株式投資初心者が、「信用できる情報」を見極めるのは、非常に難しいものです。

高額な参加料を要する投資セミナーに参加する

有名投資家のブログやSNSと同様に、投資初心者の方々に人気なのが、有名投資家による有料セミナーや会員制サロンです。初心者を対象とした投資セミナーやサロンでは、「一般非公開！」の投資テクニックや銘柄情報をレクチャーしてくれるようです。なかには月額10万～50万円といったセミナーもありますが、不思議なことに参加料が高いほど人気があるようです。参加者としては「どうにかして儲けを得たい！」という気持ちがありますから、「こんなに高額な費用を払って得られる情報なら間違いない！」という心理が働くのでしょう。逆に無料で得られる情報は、「だれもが知っている情報」と捉えられ、魅力が低いようです。

こうして高額な費用を払ってセミナーやサロンに参加した方は、そこで得た情報をむやみに信頼しやすいという特徴があります。

誰もが自称するだけで「投資家」になれる現代においては、残念ながら、投資実績がほとんどないような「カリスマ講師」も存在します。しかし、投資初心者の方は「高額な参加費」を「信頼できる根拠」として捉え、講師の実績を疑うことはありません。それもそのはず、だれだって、わざわざ高い費用を払って受講したセミナーの講師が、実績の怪しい「自称カリスマ」であるとは、考えたくないものです。

現に、こうしたセミナーに参加して、そこで薦められた銘柄に大金を投じるというケースは決して少なくありません。「なぜこの株がお薦めなのか」という理由をよく咀嚼せずに、「薦められたから買おう」という理由で投資しても、株式投資はそのような認識で勝てるほど、甘い世界ではないのです。

もちろん、こうした経緯で銘柄を買い、順調に株価が上昇することもあるでしょう。しかし、株価が上昇してもどこで売るべきかを確定すべきかがわからなければ、意味がないのです。

あるいは、株式投資においては、株価が下がる局面が必ず訪れます。値下がりした株を売って損失を確定させることを「損切り」と呼びますが、簡単にいえば、自分の買った銘柄の株価が下がりつづけた場合、「株価が上がれば損失は取り戻せるが、このまま下がりつづけると損失がもっと大きくなるかもしれない」という判断のもとに株を手放すことが「損切り」なのです。

損切りはたしかに痛みを伴うものですが、投資における一つの必要な選択肢だといえます。すなわち、**損失額を最小限にとどめるために、いつ・どのようなタイミングで損切りすればよいのかを見極める**ことが、株式投資には不可欠なのです。カリスマ投資家に薦められたという理由だけでその銘柄を買った人は、それを判断することができません。

これには、そもそもその銘柄を推奨したカリスマ投資家も、いつ売るべきかのタイミングを明確に示唆できないという問題もあります。しかし、手を打つのが遅れ、大きな暴落が来て損失が取り戻せないほど高額となってからようやく売る……という悲痛なケースは後をたちません。このような「他人頼み」の投資手法は非常に危険であり、投資初心者が失敗する大きな要因の一つです。

「テンバガー」「大化け株」という言葉に踊らされる

株式投資は「ハイリスク・ハイリターン」ともいわれます。「リスクは大きいかもしれないが、短い期間で高い利益を得られる！」と認識されることが多く、老後２０００万円問題が噴出して以降、株式投資の人気が急激に高まったのは、この「短期間」という魅力が大きな理由です。とくに40代、50代の方は、「老後までの時間は残り少ないが、それまでに資産を増やしておかなければ！」と焦るあまりに、「短期間で利益を得られる」という側面に魅了され、株式投資を選ぶようです。

株式投資とは本来、長期投資や中期投資を基本とするものです。もちろん、状況に応じて「短期的な投資」という選択もありますが、はじめから「短期間の利益ねらい」では、ほぼ確実に失敗します。「ハイリスク・ハイリターン」というのは、正しくいえば「短期間でハイリターンを得られることもある」くらいの意味だと捉えて株式投資に臨むべきなのです。

しかし、こうした「短期間の利益ねらい」の投資家は、中長期目線で見て来年には20%の上昇が期待できる有望な銘柄があっても、「とにかく目先の利益が欲しい！」と「お宝銘柄」を探しまわることになります。

近年の投資業界では「大化け」「テンバガー（10倍株）」「超短期成長銘柄」といった言葉が流行しています。いずれも「近い将来急成長を遂げる株」を意味する銘柄で、投資関連の書籍や雑誌、SNSアカウントでは、「大化け株を探せ！」「テンバガーを紹介！」というのがもはや決まり文句となっています。

ところが最初からテンバガーねらいで投資しても、うまくいくのはほんのひと握りの人であって、しかも投資初心者が成功することはほとんどありません。もしも投資初心者でも容易にテンバガーを見つけられるのであれば、世の中は大金持ちで溢れていることになるでしょう。

加えて、一般的に「大化け」といわれる銘柄のほとんどは、会社の規模が小さく、株価も安く、株数も少ないため、時価総額も小さい「中小型株」です。つまり、「今は売り上げが1億円しかないけれど、将来は100億円になるかもしれない」という期待、いわば実態のない「夢」を買うような銘柄がとても多いのです。もちろん、その期待のとおりに化ければ大きなリターンを得られますが、夢というのは残念ながら、なかなか叶うものではありません。

「テンバガー」に関しても、同じリスクがあります。すなわち、「株価が10倍になる銘柄」というのは、事前に10倍の成長を予想して買うべきものではなく、あくまで「買った株が最終的にテンバガーになった＝10倍になった」というだけの「結果」にすぎません。「業績がいいからこの銘柄を買ってみた」と投資すると、それが想像以上の好業績で2期も3期も続いた、その結果10倍の株価がついた――となって初めて、「テンバガー」という称号が与えられる。

しかし、株式投資初心者の方は「早く利益を得たい！」と焦るあまりに、こうした言葉に影響されてしまいやすいようです。

column 1

株式投資の専門用語はこのサイトをチェック

初心者の方にとって、株式投資の専門用語はとても難解に見えるかもしれません。ですが、株式投資を成功させるには、一つ一つの言葉の意味を根気強く習得することが必要です。学んだ言葉は、実際の投資経験を重ねることで、その意味を自然と理解できるでしょう。

本書ではその都度、必要に応じて専門用語の解説を入れていますが、スペースの問題ですべてが掲載されているわけではありません。ですが、これらは証券会社のホームページなどでも詳しく解説されていますのでぜひチェックしてみてください。

ここでは、おすすめの4つのサイトをご紹介しておきます。

●SMBC日興証券「初めてでもわかりやすい用語集」
https://www.smbcnikko.co.jp/terms/index.html

●野村證券「証券用語解説集」
https://www.nomura.co.jp/terms/

●日本証券業協会「用語集」
https://www.jsda.or.jp/words/

●日本取引所グループ「用語集」
https://www.jpx.co.jp/glossary/

第2章

株式投資で失敗しないための5つの基本

「株式投資」とは「その企業に資本を入れること」

株を買うということは、特定の会社にリターンを期待して資本を入れることです。「株を買えば簡単にリターンが得られる」と考える方は多いのですが、株式投資で成功するには、まずこの認識をしっかり改めることが必要です。

「特定の会社に資本を入れる」と考えると、買うべき株を選ぶにあたってまずしなければならないことが見えてきます。すなわち、投資する企業の業績や株価の推移をしっかり調べることです。自分の大切な資金を企業に投入するのですから、業績の悪い企業や、将来性の薄い企業に入れようとは思わないでしょう。そのうえで「その企業に資本を投資する価値があるか」を考え、自分なりの「投資する理由」

を明確にすること。これこそが、株式投資のスタートとなります。

もちろん「この企業なら絶対に大丈夫！」といった100％確実な予測を立てることはできません。場合によっては「経営不振で上場廃止」「倒産」という事態もありえるし、従業員やアルバイトが不祥事を起こせば株価に大きなダメージを与えることも考えられます。どんな銘柄もこのようなリスクを常に内包するものである以上、「絶対に安全な銘柄」というのは存在しませんが、投資先をしっかり選定さえすれば、無謀なギャンブルになどなりえないのです。


株式投資は本来、長期目線、中期目線で考えるべきものですから、目当ての銘柄に対し「1年後」「3年後」「5年後」のビジョンを持つことが必要です。「この銘柄は、長期目線で見れば上がる！」という確信を持っていれば、一時的な外的要因、たとえばアメリカと中国の貿易摩擦の余波といったことで日経平均株価全体が下落したとしても、焦って手放すという選択をすることはありません。

株式を買うということは、その企業の株主になるということですから、長い目線でその企業を支持する気持ちを持たなければなりません。すると、たとえ株価が暴落しても「この企業は、こうした原因でいまは一時的に値下がりしているが、将来的に絶対に成長する」という予測を立てることができるでしょう。それこそがリターンを得るための第一歩であり、「昨日は上がっていたけど、今日は下がったから売ってしまおう」という短絡的な考え方ではいけないのです。

ところが現実には、その企業の状態を調べずに、しっかりした根拠なくお金を投じる方が多いようです。特に株式投資初心者であれば、「企業の業績」や「株価の推移」といっても、なにを調べればよいのか具体的な方法がわからないものです。そのため「有名な投資家が薦めているから買ってみよう！」「成長確実といわれているから買ってみよう！」などといった理由で銘柄を選びがちです。

しかし、そのような投資スタイルは、「投機」と呼ぶべきもので、極端にいえば「博打」と同じです。運がよければ大きなリターンを得ることができるかもしれませんが、その後も勝ちつづけることはできません。

株式投資で成功するには、自分なりの「この銘柄を買う理由」をしっかり持つことが不可欠なのです。

「ファンダメンタルズ分析」を知ろう

株式投資においては、「その企業の株を買う理由」――すなわち「その企業が成長すると考える理由」をしっかり持つことがファースト・ステップとなりますが、「買う理由」とは具体的にどのように設定すればよいのでしょうか。たとえば「この企業が長期にわたって行ってきた投資事業がようやく黒字化してきたから」「過去の株価の動きから1年後には上昇が見込まれるから」といった「理由付け」が考えられますが、ここで役立つのが「ファンダメンタルズ分析」という手法です。

「ファンダメンタルズ分析」とは、企業の株価について、決算で発表された業績と進捗率などから先々までの成長を予測するという分析手法です。一般的には、決算情報などによる業績やＩＲ（投資家に向けた広報活動）による事業の内容、これからの業績予測が、ファンダメンタルズ分析に必要な材料となります。

くわえて、その企業のサービス利用者の増減や同業界の景気、世の中全体の景気動向、社会情勢に伴う需要の変化、政治問題に天候、戦争、自然災害がその企業にどのような影響を及ぼすかなど、その企業に関わるあらゆる事象を総合的にチェックし、その企業が伸びるか否かを判断します。どのファクターに重きを置くかで分析される結果は大きく異なり、投資家それぞれの視点や独自性が表れます。

ファンダメンタルズ分析は、企業の決算発表内容をまとめた決算短信から、そもそも分析する必要か否かを判断し、「ふるい」にかけることからスタートします。ふるいにかけて残された銘柄について、どんどん深掘りしていくのです。具体的には、東京証券取引所のシステムで、株主に会社の情報を開示しているTDnet（ティーディーネット）に掲載されたものを中心に、企業のホームページで公表されるIR資料を隅ずみまで確認することが大切です。

慣れないうちは大変かもしれませんが、この一連の作業は、いわば推理小説を読むようなものです。決算書を読んで目を引いたポイント、すなわちなにかしらの「事件」を見つけたら、その「犯人」を突きとめるために、その企業のあらゆる情報から「事件の真相」を推理するのです。IRには事件を解くためのさまざまな「カギ」が隠れていますから、このように明確な目的を持てば、IRを楽しく読み進めることができるでしょう。もちろん、IRにかぎらず、その企業に関連するあらゆるニュースが「推理」の材料となりえます。

「推理」というのは、あくまで「こうかもしれない」という投資家独自の「考え」です。これは一種の「妄想」でもあり、その企業に今なにが起きているのか、それが今後世の中にどのような影響を与え、企業の業績にどう跳ね返るのかを、豊かな想像力をもって突き詰めていくのです。

ファンダメンタルズ分析において、投資初心者でも、機関投資家や証券会社の人間などのプロと同じ目線で分析することは可能です。投資を始めたばかりの初心者でも、得られる情報に差はありません。投資においていかに多くのリターンを得ることができるかは、推理者がどれだけのファクターをインプットできているかに左右されます。これは経験値によるところも大きく、経験を重ねれば重ねるほど、推理するにあたっていくつもの考えが自然と浮かぶようになっていくでしょう。

「テクニカル分析」を知ろう

ファンダメンタルズ分析で「買う銘柄」を選んだら、いつ買うかというのが次のステップです。ここで役立つのが、「テクニカル分析」です。

テクニカル分析は、株価や株の売買実績をグラフ化した「チャート」から、その銘柄の将来的な値動きを推定します。これによって、買うタイミングと売るタイミングを明確に見極めることができます。

株価チャートは「Yahoo! ファイナンス」「Kabutan」などのサイトで、無料で確認することができます。また、証券会社に口座を開設すれば、証券会社のサイトや専用ツールが利用可能で、リアルタイムでさまざまな情報を得ることができます。

ひと口に「テクニカル分析」といっても、さまざまな指標が使われます。たとえば、ある期間の始値《はじめね》、高値、安値、終値《おわりね》を表す「ローソク足（129ページ参照）」や、過去のある期間の終値の平均を結んだ「移動平均線」など、株価の動きをさまざまな視点から図式化した指標をチャートに掲載し、それぞれの指標の動きから、これから株価がどう動くかを描いてゆくのです。

いずれも「過去の株価」と「現在の株価」がベースとなりますが、どんな指標を使って将来の株価を予測すべきかは、投資家それぞれの着眼点が試されるところです。

どの指標を用いるにせよ、テクニカル分析においては「この銘柄の株価は、将来的にはこの値まで達する」という具体的な株価を示します。株価が上がっている局面であれば「将来の目標値」を、株価が下がっている局面であれば「底値」を予測するわけです。

「めざす値」を具体的にすることで、いつ買えばよいか、いつ売ればよいかを明確に把握することができます。その意味では、テクニカル分析は投資初心者にとって、より実践的な投資テクニックとなるでしょう。

株式投資の世界には、「市場のことは市場に聞け」という言葉があります。これはテクニカル分析のことを指す言葉で、投資においては会社の経営状況などいっさいの情報を遮断して市場を見るべきだということ、すなわち「株価に表れていることがすべてである」という考え方を表しています。テクニカル分析においては、「予測や見解などはまったく用をなさず、そのときどきの株価が一番正しい」という、潔い視点であるといえるでしょう。

テクニカル分析手法で「一目《いちもく》均衡表」という有名な手法があります。「株式相場は、買い手と売り手の均衡が崩れたときに大きく動くので、どちらが優勢か、すなわちその動きの方向性がわかれば、その後の方向性もわかる」という考えに基づくテクニカル指標で「一目雲」などとも呼ばれ、世界中の投資家の間でもよく使われています。

これは1936年に、一目山人という日本人が実に7年の歳月をかけて生み出した表です。今でこそ世界中の投資家に広く知られていますが、当時は門外不出とされ、それでも欲しいという人に対しては、なんと家1軒分の値段をつけて断念させたといわれます。大半の人はあきらめたそうですが、大手証券会社をはじめとした3組だけが、非常に高額な金額を支払ってこの表を手に入れました。この表は、それほどまでに市場のすべてを表している精緻なテクニカル指標であり、現在では、チャート分析ツールである「Ｔｒａｄｉｎｇ Ｖｉｅｗ」や、日本経済新聞のチャート分析ツール「スマートチャートプラス」などで利用することができます。

昭和初期に開発された一目均衡表が現代でも利用されていることからもわかるとおり、株価の動きにはなんらかの規則性があります。投資初心者であれば、その規則はなかなかわかりづらいかもしれませんが、テクニカル分析を繰り返し実践することで、「この局面ではこの指標を使ってこのように判断する」と、経験から株価の動きを予測できるようになるでしょう。

「テクノファンダ」を知ろう

ファンダメンタルズ分析とテクニカル分析は、株式投資の二大手法です。一般的な投資家は、どちらか一つの手法を突き詰める方が多いのですが、それは各手法があまりにも異なるためであり、結果として投資家は「テクニカル派」「ファンダメンタルズ派」とに分かれ、両者はそれぞれ相容れないものとされてきました。

書籍やネットなどから株式投資を学ぼうとすると、どちらかの分析手法を選ぶべきか迷うことと思います。くわえて、それぞれにさまざまな手法がありますから、ますます途方に暮れることになるでしょう。

株式投資を成功させるには、ファンダメンタルズ的視点もテクニカル的視点も、どちらも不可欠です。そこで私たちは、両者の「いいところ」を掛け合わせて「テクノファンダ」という手法を編み出し、2019年に「テクノファンダの会」を設立しました。

「テクノファンダ」という手法自体は、ここ近年で急速に注目が高まりつつあります。それぞれ単体でも活用できる二つの分析手法を複合的に使うことで互いの弱点を補完し、片方の視点だけではわからない部分をもう一方の視点から分析できるというのが、テクノファンダの最大のメリットです。

ここで、テクノファンダの基本の流れをかんたんにご説明しましょう。

STEP1 「気になる銘柄」を探す

テクノファンダの第一段階は、「気になる銘柄選び」です。「よい決算が出た」「ニュースで取り上げられている」「その会社が扱う商品が爆発的に売れている」などの「気になる理由」を見つけ、それらを「入り口」として「買うべき理由」を深掘りして探します。

これはファンダメンタルズ分析の視点が大きく関わる部分で、決算短信やIR報告書、ニュース、その企業が提供する顧客やサービス利用者の増減、社会的なニーズなど、あらゆる角度から「業績の背景」を深掘りして成長を予測します。

STEP2　目をつけた銘柄のベストな売買タイミングを見極める

ＳＴＥＰ1で「買い」の判断を下した銘柄に対して、テクニカル分析の視点から株価が到達する「目標値」、すなわち「自分で売ると決めた価格」を定めます。

株式投資初心者に多いのが、株価の動きに一喜一憂し、大きく下落したときに「これ以上下がったら大変！」という焦りから急いで売ってしまうパターンです。しかし株価は上下するものなので、大きな下落のあとには再び上昇する可能性もあります。「この価格になったら売ろう！」という目標値があらかじめ決まっていれば、一時的に急落しても右往左往せず、しっかりした利益を生み出すまで自分の株を保有しつづけることができます。

株式投資においては、「事故を起こさない」が最大のゴールとなります。どんなに危険な局面が訪れても「事故」――つまり「取り返しのつかない事態」を起こさないこと。すなわち、必要な知識と技術を駆使して事故の確率を下げることが、最終的に大きな利益をもたらすことにつながります。

テクノファンダは、ファンダメンタルズ的な視点とテクニカル的な視点の両方、すなわち投資に対する総合的な分析力を持つことで、投資における「事故」のリスクを大幅に減らすことができますが、これは一朝一夕に習得できるものではありません。そして実際にテクノファンダを行うにあたっては、ファンダメンタルズ的な視点とテクニカル的な視点をどのような局面でどのように使えばいいのかを、明確な定義や方式で表すことはできないので、投資家はそのときどきの局面の情勢からそれを判断することになりますが、投資経験が豊かであればあるほど、テクノファンダという判断力を身につけることができるでしょう。

「テクノファンダ」を武器にして、投資家として成長しよう

株式投資においては、「失敗しない」ということはありえないことであり、どんなに有名な投資家でも、必ず失敗することがあります。そのため、**失敗のリスクをいかに下げるかが重要なポイントであり、そのためには、その銘柄に対するあらゆる判断力、すなわち試合で戦うための「武器」をいかに持つかが大切**です。

勝つためには、武器の強度もさることながら、数も重要です。備える武器が多ければ多いほど勝てる確率は高くなるというのは当然のことで、ファンダメンタルズ分析とテクニカル分析の両方に基づいた判断力を備えることで、投資に対する「武器」を増やして試合に臨むことができるのです。

優れた投資家は、どの局面においてどの手法が有用かを常に考え、応用的に実践しているものです。たくさんの「投資手法＝武器」を有しているプロの投資家がひしめくフィールドに丸腰状態の初心者が参戦しても、決して勝つことはできません。運よく勝つことがあったとしても、それはあくまでビギナーズラックであり、連勝することはないでしょう。

株式投資が必ず失敗の可能性を秘めているものである以上、「絶対に勝てる！」という確実な予測をすることはできません。ときには、「その銘柄を売買する理由」を明確に持っていたとしても、その予測が外れてしまうこともあるでしょう。しかし、もしも失敗しても、自分で「買う」と判断した理由に対し、「なぜ失敗したのか」「この銘柄の株価は上がると考えたのに、なぜ予測が外れたのか」という検証を行うことができれば、その経験を次の投資に必ず生かすことができます。テクノファンダという複合的な視点は、その検証にも非常に有用な知見をもたらしてくれるのです。

株式投資は、その人の「投資経験値」が大きく左右するものです。株価というのは一種の生きものであり、どのように成長するかは、コンピュータ上だけで判断することはできません。銘柄を選ぶうえでは、その企業がこれまでどのように業績を積み重ねてきたか、あるいはどのような事業計画をもって成長しようとしているのかを知ることがまず重要ですが、「ほかの銘柄で、株価が上がると予測していたのに、思わぬことが起こって減退した」というような、投資家自身の投資経験も、銘柄の判断に大きく役立てることができます。

投資初心者の方々に多いのが、一度失敗すると「株式投資はもうこりごり」と、株式投資をやめてしまうケースです。しかし、たとえばスポーツの世界でも、初心者が試合でいきなり勝ちつづけるということは、ほぼ不可能です。初心者は、その競技で戦えるだけの「力」や「武器」を備えて試合に臨み、試合経験を重ねて強くなっていきます。株式投資においても同じことで、失敗経験を次回の投資に生かし、同じ失敗を繰り返さないことで投資家として成長していくのです。

第3章

7つの具体的銘柄で学ぶテクノファンダ分析 実践編

実践編 1

確実に「決算好成績」をもたらす「打ち出の小槌」由来の株価ピークを予測した銘柄例

【株式会社オークファン①】

【基本情報】

証券コード:3674

業種:情報・通信

本社所在地:東京都品川区上大崎2-13-30

株価:1,217円

時価総額:128億円

総資産:10,143百万円

自己資本:6,441百万円

自己資本比率:63.5 %

予想配当利回り:—

	売上高	営業利益	営業利益率	経常利益	純利益
2020年9月期1Q	1,573	62	3.90%	60	11
2Q	2,983	81	2.70%	74	6
単独2Q	1,410	19	1.30%	14	-5
3Q	5,085	616	12.10%	604	330
単独3Q	2,102	535	25.40%	530	324
2020年9月期予想	8,155	816	10.00%	814	430
単独予想4Q	3,070	200	6.50%	210	100

（百万円）

株式会社オークファンは、ヤフオク！や楽天、Amazonなどの商品価格の比較、EC支援サービスを行う会社です。ほかに在庫価値ソリューション事業として、企業が保有する在庫の可視化、最適化を推進するソリューションを提供しています。

本項では、2020年４月から同年10月までの同社の動きから、「買い」と判断すべき材料の分析方法と、株価のピークを予測する手法について解説しましょう。

ファンダメンタルズ分析

STEP 1 オークファンの秘めたる「打ち出の小槌」とは？

オークファンはコロナによるEC需要拡大が大きく期待されましたが、実はそれ以上の「買い」の材料が隠されていました。

それは、2020年3月26日に上場された、株式会社サイバーセキュリティクラウドの株式を30％保有していたことです。

自分が保有している株式が上場されることは、すなわち「打ち出の小槌」を持っているのと同じことです。しかし普通は、自社が持っている株式を売却しても、売上や営業利益には直結しません。この場合は特別利益として計上されることになり、当然ながら機関投資家をはじめ、誰も評価しませんし、市場も反応しないのです。

ところが、オークファンはインキュベーション事業を営んでいて、これが大きなポイントとなりました。

インキュベーション事業とは、起業や新規事業の開拓など、新たなビジネスを展開しようとする企業を支援する事業です。企業は支援の対価として株式等を取得しますが、つまり投資すること自体が事業となっており、将来的に株を保有している会社が上場すれば、その株を売却することで売り上げとなります。

もちろん、もしも上場されなければ寝かしつづけることになりますが、このタイプの事業は、元手が少なく済むうえに、営業利益率が非常に高くなります。オークファンはインキュベーション事業として、国内・海外のベンチャー投資事業に積極的に取り組んでいました。

2020年3月にサイバーセキュリティクラウドは上場しましたが、オークファンは7月の「大量保有報告書」で、サイバーセキュリティ株の一部売却を報告。その売却額を約12億円と発表しました。「大量保有報告書」とは、投資家や企業が上場企業の発行済み株式数のうち5％を超えて取得した場合に財務局に提出する報告書で、これは金融庁の電子開示システム「EDINET（エディネット）」で閲覧することができます。

オークファンはさらに続けて10月にも売却し、このときの売却額約10億円は、次期計上が見込まれていました。これらのことから、オークファンの次期の決算、特に第1クオーターは絶対によい数字が出ると容易に予測できます。

STEP 2 目論見書や有価証券報告書からインキュベーション事業の全容を把握する

オークファンがいつ株を売ったのか、それも大量保有報告書で報告されています。オークファンの決算は9月ですが、10月売却の報告を見て、翌期の第1クオーター（10～12月期）の決算は必ずいい数字が出るはず、という予測を立てました。

一方で、サイバーセキュリティ社の株価は下落傾向でしたが、それでも時価の高い株式銘柄だったため、売れば売っただけ利益が出る状況にありました。ややうがった見方をすれば、たとえ本業がうまくいかなくても、「株を売れば利益が生み出せる！」といえるわけです。

これはあくまで予測となるため、オークファンがいつサイバーセキュリティに投資し、いくらを使い、何株持っているかなどについては明らかになっていません。しかし、サイバーセキュリティの株式上場の「目論見書」を、続いてオークファンの「有価証券報告書」を確認することで、おおよその目ぼしをつけることができます。目論見書は証券会社のホームページで、有価証券報告書は金融庁の「EDINET」で閲覧が可能です。

オークファンは、株式売却によって当面の利益を確保できたわけですが、保有している株式をすべて売ってしまえば、湯水のごとく利益を生み出すことができた「打ち出の小槌」も、いつしか「打ち止め」のときを迎えます。

株を売却して得た手持ち資金をどのように使うか、どのように営業をするのか、投資に使うかは、決算短信や中期経営計画書、決算資料などから推察することができます。これらの推察結果から、保有する銘柄を売るべきか否かを検討するための、新たな材料を探さなければなりません。オークファンの場合は、サイバーセキュリティの大株主だったところが大きなポイントとなります。

オークファンのように、インキュベーション事業が利益につながる上場会社も多くあります。インキュベーション事業による銘柄を探すには、まずはその企業のIPO情報を追って情報を見ることが必要です。株主構成で株主を確認し、「制度ロックアップ」か「任意ロックアップ」かを必ず確認しましょう。

「ロックアップ」とは、ある会社が上場したときに、創業者やベンチャーキャピタルなどに対してかけられる制限で、「一定期間、または一定の株価になるまで、株式を売ってはいけない」と定められるルールのことです。上場直後に株価が下がるのを防ぐために設定されますが、ロックアップが解除されたあとは、会社創業者やベンチャーキャピタルが株式を売る場合がほとんどです。そのため、ロックアップ解除後には株価が下がりやすいという傾向が見られます。

ロックアップには「制度ロックアップ」と「任意ロックアップ」との2種類がありますが、両者には取引所の規制に基づいて設定されるのか、主幹事証券会社が任意に設定するのかという違いがあり、それぞれロックアップの期間が異なります。

オークファンに話を戻せば、もしも制度ロックアップだった場合は、「6か月間は売れない」という条件がありますが、任意ロックアップであれば、株価しだいでは高値で売り抜けることができます。そして同時に、自社の利益にも影響することになります。

テクニカル分析

V計算値で導かれる次の株価目標は？

オークファンの株価は、好決算やEC需要の拡大などを材料として、2020年3月の底値から順調に推移していました。同年10月のサイバーセキュリティ株の売却により、翌期の第1クオーターによい数字が出てくることは明らかです。実際に買い場（買う好機）を探してみると、54ページの日足《ひあし》チャート図で長い陰線をつけた10月16日に、前日よりマイナス170円で1545円の安値となっています。

オークファンの株価は、同年10月上旬に調整局面――すなわち上昇の勢いがストップした状態を迎えました。それまで上昇トレンドにあった株価が一時的に下落することを「押し目」と呼びますが、オークファンも押し目をつくっています。54ページのチャートにはありませんが、10月26日に1360円まで下落し、「2019年2月の高値1780円」から「2020年3月の安値497円」で計算すると、V計算値（130ページ参照）では3063円という数字が導き出され、

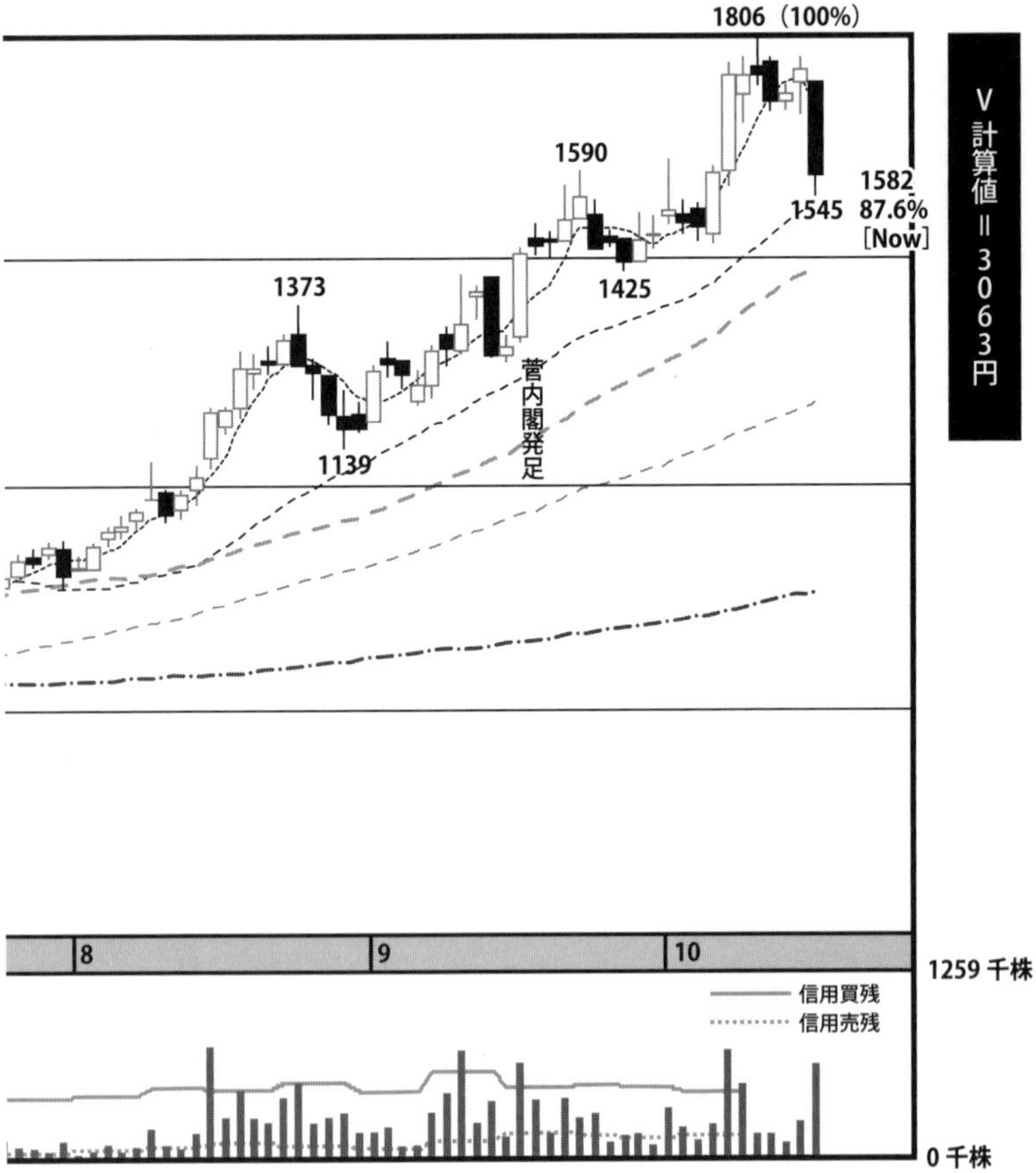

1806（100%）
1590
1373
1425
1139
1545
1582
87.6%
[Now]
菅内閣発足
8
9
10
1259 千株
0 千株
信用買残
信用売残

V計算値＝3063円

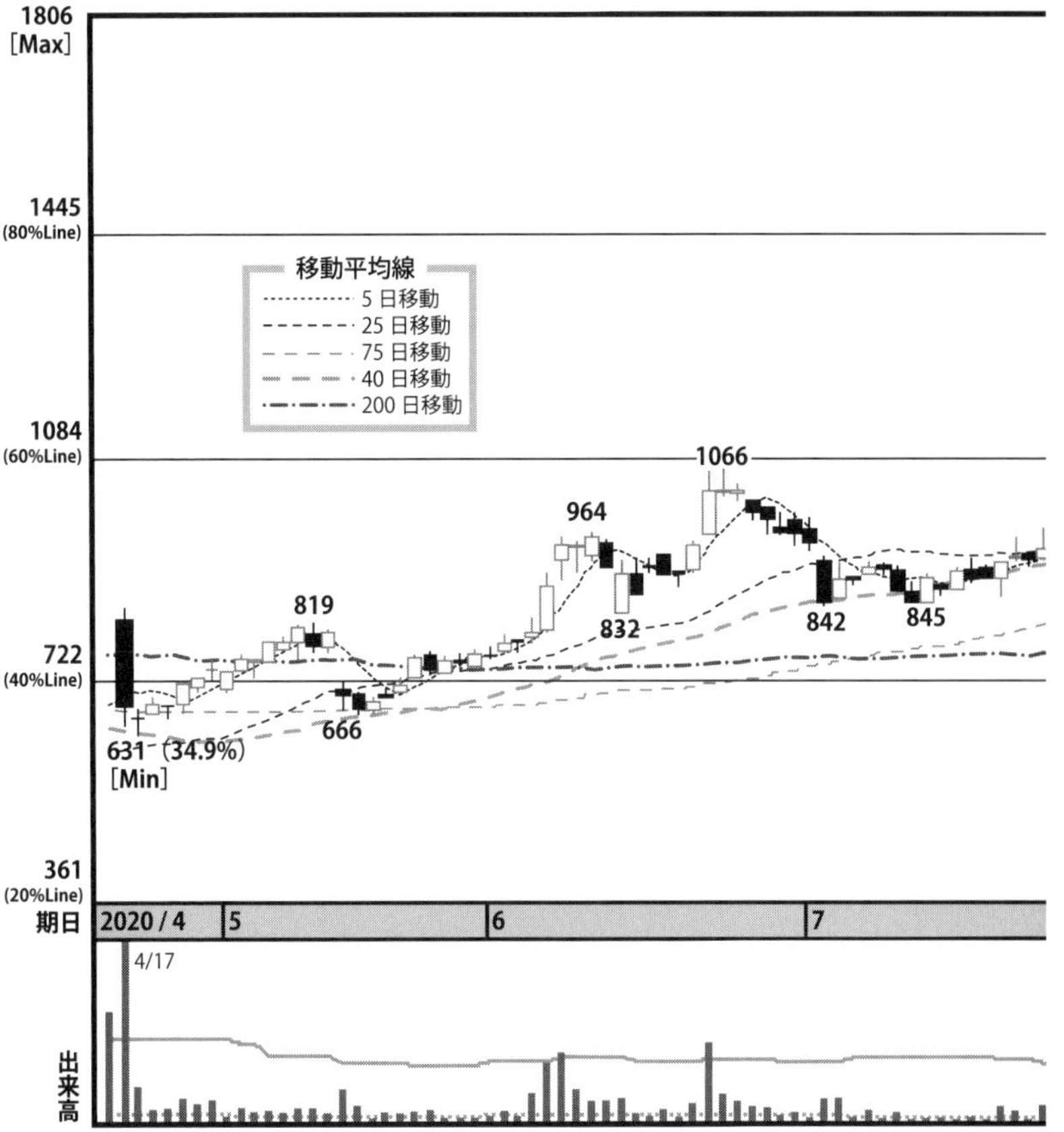
1806
[Max]
1445
(80%Line)
1084
(60%Line)
722
(40%Line)
361
(20%Line)
移動平均線
5 日移動
25 日移動
75 日移動
40 日移動
200 日移動
1066
964
819
832
842
845
666
631 (34.9%)
[Min]
期日
2020 / 4
5
6
7
4/17
出来高

ここが高値のピークと予想できます。その後しばらく調整が続いたものの、11月半ばから反転し、株価は２８３０円まで上昇してピークアウトを迎えました。おおよそのＶ計算値の水準に近づいたわけです。

以降、１８００円台から１６００円台までずるずると下がりつづけ、２０２１年５月の好決算を受けても市場が反応するどころか、大きくさらに下落。結局は同年６月頭の時点で１２００円台と、まだジリジリ下がりつづけています。

まとめ

個人投資家向けにホームページ上でＩＲ情報として公開される決算短信や中期経営計画書には、その銘柄の成長性を測るさまざまな情報が隠れていますが、オークファンの場合はインキュベーション事業が大きなカギとなります。インキュベーション事業で投資する企業が上場する際に任意ロックアップだった場合は、株価次第では売却によって業績がよい数字になることが期待されます。さらにＶ計算値で目標の水準を見極めれば、適切な買売のタイミングをつかむことができます。

column 2

初心者が株を始めるならいくらから?

アベノミクス、老後2000万円問題、そしてコロナショック後のコロナバブルと、お金を少しでも増やしたい多くの初心者の方が株式投資に参加するようになりました。株の入門書には「株式投資は使う予定のないお金で始めましょう」と買いてありますが、現実には、常識を遥かに超えたような金額をいきなり投資する人もいます。ある40代の女性の方は、まったくの初心者ながら、手持ち資金の2億円を投資して、リターン10億円をめざしていました。私たちが出会ったときには、それまで多くのセミナーなどに参加して1年少々が経過していましたが、すでに資金は残り6000万円という状態でした。

実はこうした例は決して少なくありません。普段の生活で買いものをするとき、商品の値段や品質をまったく見ずに買うという方はほとんどいませんが、株式投資に関してはセミナーで薦められた銘柄をあまり調べずに買ってしまう方が非常に多いのです。これでは、2億円という大金でもあっという間になくなってしまうのも無理はありません。

幸いこの方は、テクノファンダを学んで少しずつ技術を身につけ、現在の状況は持ち直しつつあります。投資する金額は、人それぞれの事情によって異なります。株式投資を始めるのには、5万円からでも50万円からでも大丈夫ですが、しっかり腰を落ち着けて、ときにはとことん待てるような、余裕のあるお金で投資することが重要です。

好決算なのに「売られる理由」に着目し、「買いを控える」の判断を下した銘柄例

【株式会社オークファン②】

【基本情報】
証券コード：3674
業種：情報・通信
本社所在地：東京都品川区上大崎2-13-30
株価：1,217円
時価総額：128億円
総資産：10,143百万円
自己資本：6,441百万円
自己資本比率：63.5％
予想配当利回り：—

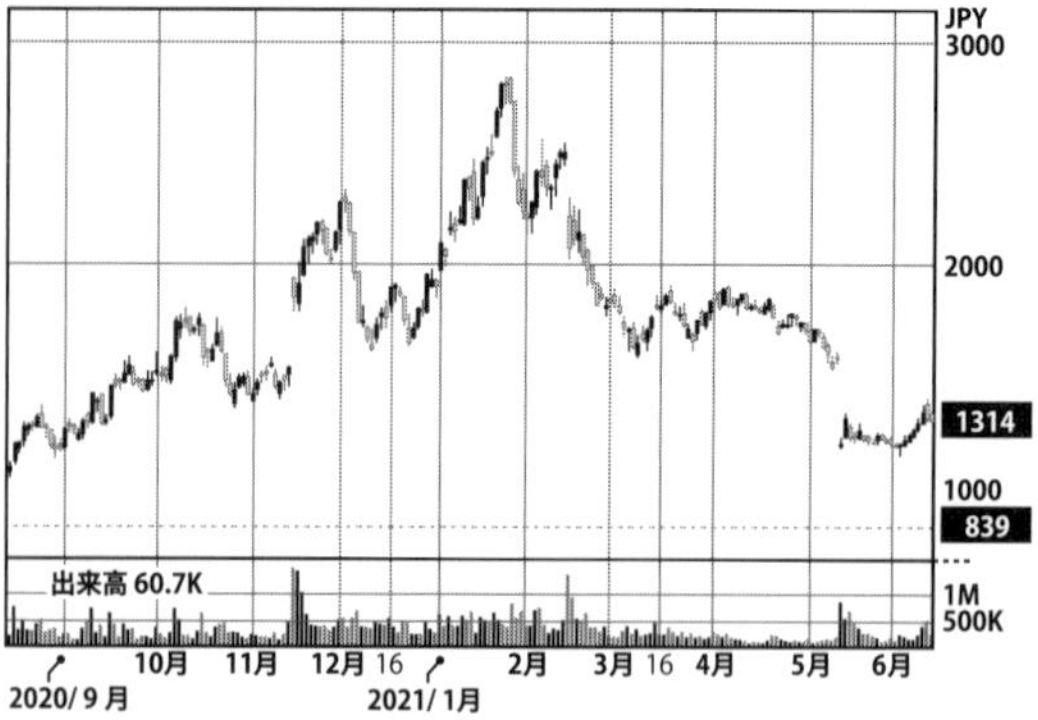

前項の分析以降も順調に上昇してきたオークファンは人気の銘柄となっていましたが、2021年２月の決算を境に状況が一変。好決算であったにもかかわらず、以降オークファンの株は売られつづけたのです。多くの投資家はこの動きを訝しく思っても、「この下げはいずれ止まって反転するはずだ」と考え、保有しつづけることになりました。本項では、2021年２月から同年６月までの同社の株価の動きから、「買い」とすべきか否かをどう判断するのかを解説します。

ファンダメンタルズ分析

STEP 1 決算上の数字はよいのに本業の業績が低下？

2020年末の時点では、オークファンはサイバーセキュリティクラウドの株を同年10月に売却したばかりなので、第1クオーター（10〜12月）の決算の数字がよいことは明らかでした。

決算の数字がよいことで「買い」に走った投資家もいるかもしれませんが、テクノファンダの会では、2月の第1クオーターの決算発表を待って利益を確定しようと慎重にかまえていたのです。

この判断の背景には、決算では好業績のからくりが広く一般投資家に知れ渡ることになるため、「サイバーセキュリティクラウド株を売ってしまったあとは、業績に期待できないだろう」という見立てがありました。

オークファンの株価は、2021年1月後半に高値をつけた翌日から大きな陰線を描き、決算発表の翌日から下落の一途をたどりました。とはいえ2021年5月に出た第2クオーターの決算でも、売り上げは50%に届いていないものの利益は60%を超えています。いずれもよい数字といえますし、この決算に期待を寄せていた投資家も多いでしょう。

しかし現実には、発表の翌日にはそれまでの株価とは大きな差をつけて売り込まれ、その後もさらに下落していきました。

オークファンの業績にインキュベーション事業という「打ち出の小槌」が大きく寄与していることは、すでに前項でお伝えしました。この「打ち出の小槌」の存在から、第2クオーターの決算発表前に、「もしも本業の業績が悪ければ、サイバーセキュリティクラウド株を売るだろう」と推察することができます。

実際の決算では、利益の進捗率は約60%となったわけですが、売り上げは伸びていませんでした。つまり、本業の業績が芳しくないことを示唆しています。

STEP 2

「プラットフォーム事業の赤字」が示すものは？

それまでのオークファンは、たとえ本業の業績が悪くても、サイバーセキュリティクラウド株を売ることで、インキュベーション事業の業績をプラスにすることができました。要は「打ち出の小槌」を使った「数字合わせ」で、全体の業績をいくらでもプラスにすることができたわけですが、投資家の目には成長性が感じられなくなり、売られてしまったのです。

もちろん、同社の本業はインキュベーション事業ではありません。そもそも当面の利益を無尽蔵に打ち出せる「打ち出の小槌」でも、いつか出尽くすときが必ず訪れます。

一見すると「業績がよい」という印象の決算書でしたが、その内容をよく見れば、投資先としての魅力に乏しいことが明らかとなりました。決算発表後はそれが周知の事実となり、残念ながら投資家が離れていったわけです。

オークファンはその実態、利益のからくりを広く知られた以上、もはや可能性のない銘柄のように思えるかもしれません。しかし、同社の救いの材料として「利益率」があります。

プラットフォーム事業は赤字になっていますが、これは人材に投資したか、新規開発したか、なんらかの投資を行ったということを示しています。

本業の事業の業績がよくないのに通期予想を修正しなかったということは、第4クオーターには収益として見えてくる可能性も十分に残っているわけです。リスクはあるものの第4クオーターに期待して、第2クオーターの決算が出た5月の時点で買いを入れるという判断もできるかもしれません。それでは、具体的な買い場はいつなのか、次のページからテクニカル分析で考えてみましょう。

テクニカル分析

「持ってはいけない理由」が見えない？

下落傾向を分析するために、まずは逆のN計算値から分析しましょう。「逆Nの計算値」とは、N計算値（130ページ参照）を反転させて、高値と安値の関係性から安値を探るものです。逆Nの第1波である2830円から2122円までは708円下がっています。そこから反転して2021年2月12日の高値2538円から708円下がるという点から逆のN計算値を導くと、1830円が最初の目標となります。ここで下落が止まらなければ、次は逆のE計算値を使います。E計算値（130ページ参照）を反転させて目標値を求めますが、これは2830円から2122円の差が708円ですので、2122円から708円下がったところ、つまり1414円が逆のE計算値としての次の目標となります。同年6月上旬時点で、いずれの目標値も超えて下落していました。

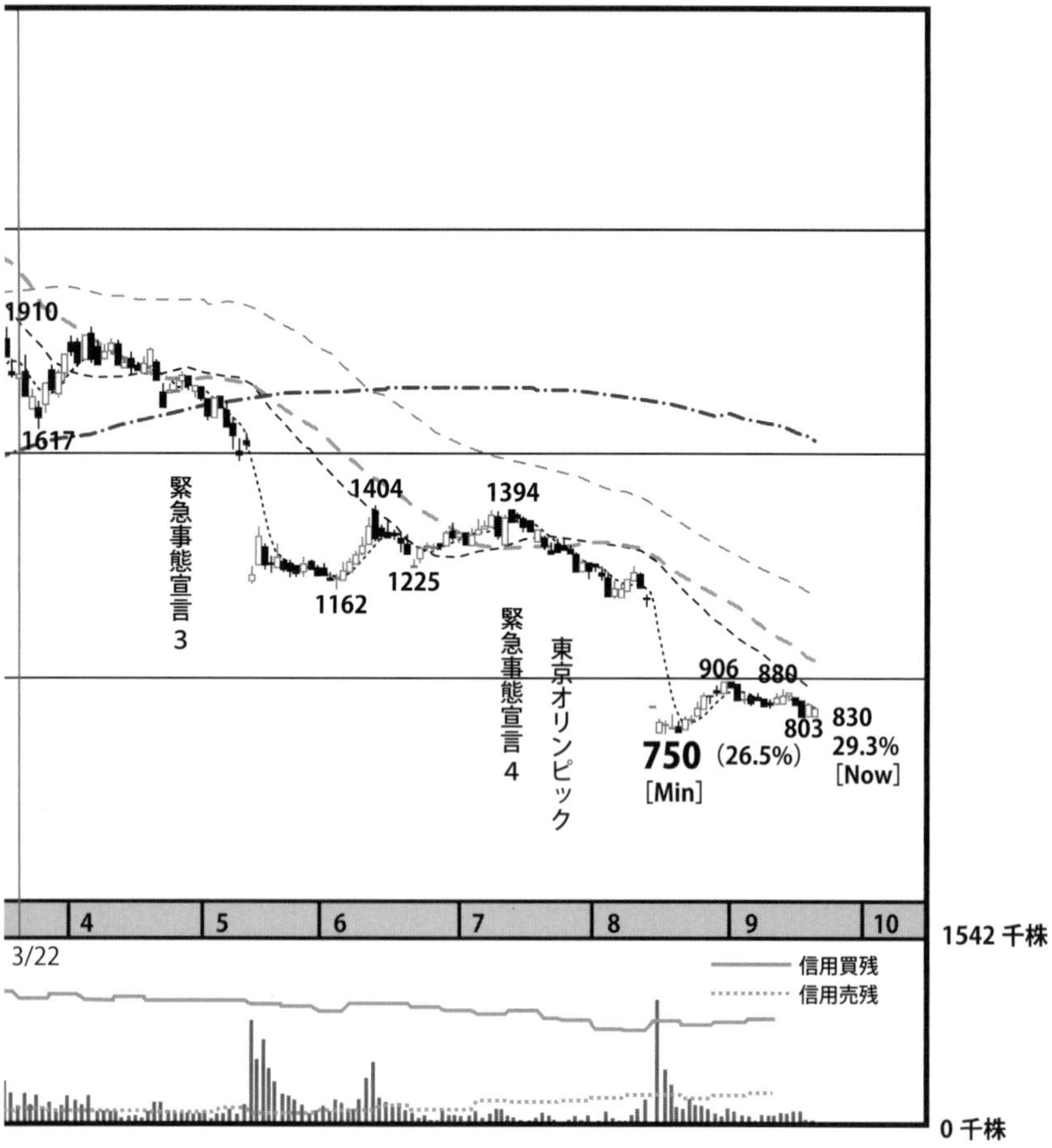
1910
1617
緊急事態宣言3
1404
1162
1225
1394
緊急事態宣言4
東京オリンピック
906
880
803
750 [Min]
(26.5%)
830
29.3%
[Now]
4
5
6
7
8
9
10
3/22
信用買残
信用売残
1542 千株
0 千株

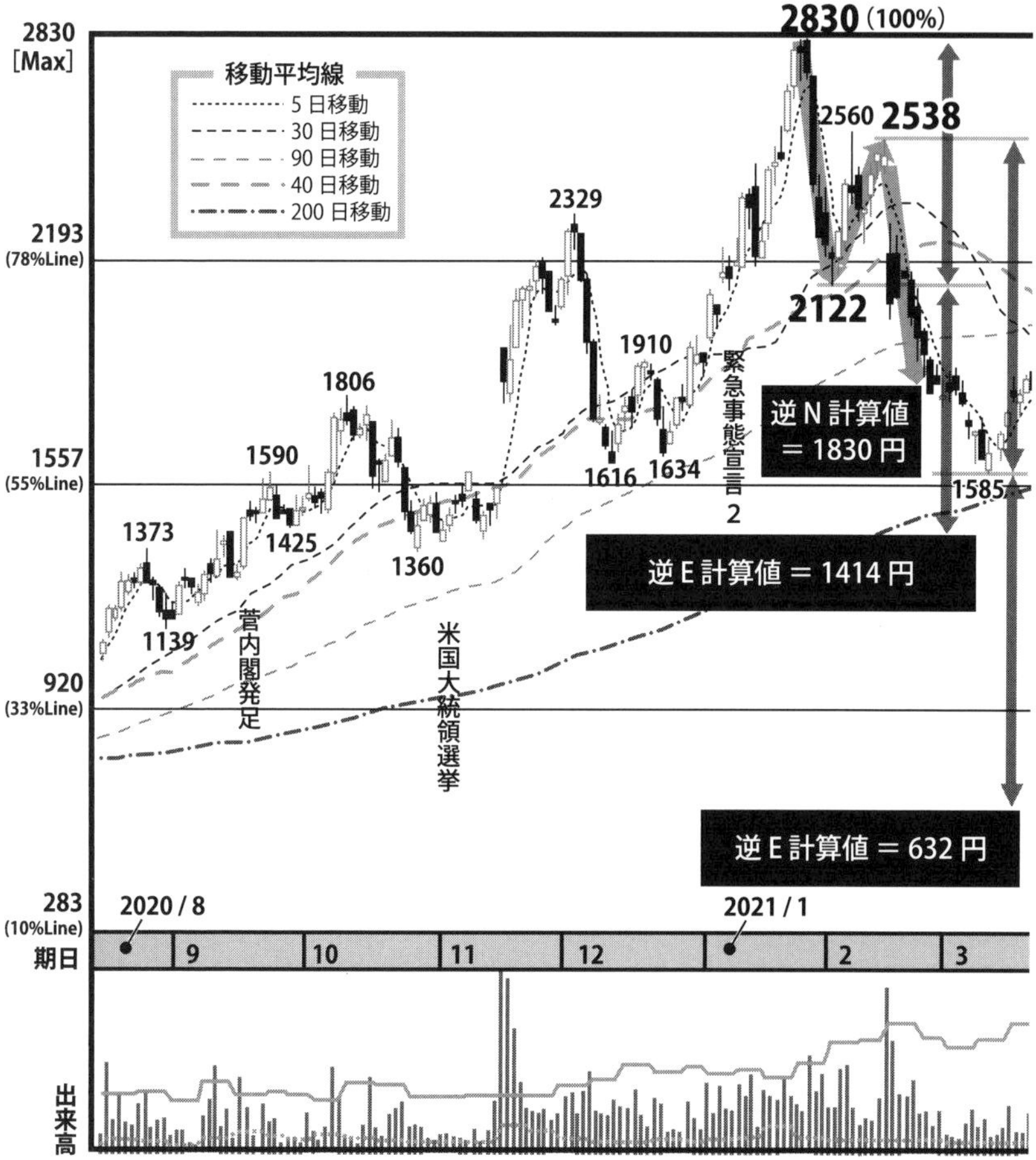
2830 [Max]
2193 (78%Line)
1557 (55%Line)
920 (33%Line)
283 (10%Line)
移動平均線
5 日移動
30 日移動
90 日移動
40 日移動
200 日移動
2830（100%）
2560
2538
2329
2122
1910
1806
1590
1373
1425
1360
1139
1616
1634
1585
菅内閣発足
米国大統領選挙
緊急事態宣言2
逆N計算値＝1830円
逆E計算値＝1414円
逆E計算値＝632円
2020/8
2021/1
期日
9
10
11
12
2
3
出来高

「決算がよいから」という理由でオークファンを買った投資家は、第2クオーターの決算を見てとても喜んだかもしれません。事実、2021年1月以降も株を持ちつづけている人には「売る理由」はなかったはずですが、実際には売られつづけている――。この状況で、多くの投資家が困惑することになりました。

一般的なファンダメンタルズ分析と決算のみで判断するなら、「買い」と見ても不思議はありません。しかしテクニカル分析では、2021年6月3日に底値圏でローソク足が長い下ヒゲを付けています。6月4日以降は徐々に下値を切り上げてきており、これも「買い」とする人もいるかもしれませんが、テクノファンダに基づけば「まだ買うべきではない」と判断します。これはファンダメンタルズ分析・テクニカル分析どちらか一方からの観点ではたどりつけない判断であり、両者を融合させたテクノファンダだからこそ下しうる判断といえます。この銘柄の買い場としては、逆Eの第2波である高値2538円と安値1585円から、逆のE計算値として算出される632円付近がねらい目だといえます。

また、チャート上で上昇トレンドから下降トレンドに入っているなら、しばらくは静観することをお勧めします。この動きを「崩れ」と呼びますが、チャートが崩れてくると不思議となかなか戻らず、崩れたままということが起こるためです。

ひと口に「ファンダメンタルズ分析」「テクニカル分析」といっても、投資家の数だけあるその手法は千差万別です。投資の局面においては、ときには迷うことや選択を誤ることもあるでしょう。「常に株価が正しい」とはよくいわれる言葉ですが、株価はすべての答えを表しているといえます。株価が正しいのであれば、なぜ正しいのか。決算内容がよくても、株価が下がっているのなら、その株価が意味するところを深く考え、「株価が示す真実」を見極める力をつけることが大切です。

まとめ

個人投資家が陥りがちな「ポジショントーク」、すなわち「利益が出てほしい！」という気持ちから目先の決算にとらわれると、ジリ下げに付き合うことになります。本業の業績につながるような次の材料の糸口が見つかるまで静観するのは、投資のセオリーの一つ。崩れたチャート上で株価がどこまで下落するのか、逆のN計算値、E計算値から目標値を見極め、いずれやってくるチャンスに備えましょう。目先の決算や安値感だけでつかむと、長期にわたって含み損を抱えることになります。

コロナ禍の営業利益率に注目し、大きな下落があっても、いずれ来る「倍返し」以上の高騰を予測できた銘柄例

【株式会社SERIOホールディングス】

【基本情報】
証券コード:6567
業種:サービス
本社所在地:大阪市北区堂島1-5-17
株価:952円
時価総額:60.2億円
総資産:4,446百万円
自己資本:1,907百万円
自己資本比率:42.9%
予想配当利回り:0.42%

	売上高	営業利益	経常利益	純利益
2019年5月期	6,260	63	66	40
2020年5月期	6,948	135	167	101
2021年5月期予想	7,900	204	200	130

(百万円)

働く女性を応援する人材サービスを展開する企業で、仕事と家庭の両立、未来を担う子どもたちの成長をサポートする事業を通じて、女性が活躍する豊かな社会づくりをめざすことを掲げています。

2020年7月時点では、多くの企業がコロナの影響によって決算の発表延期や業績予想を出せない異常事態で、投資家は企業判断がしにくい状態でした。そんななかで同社は実に堅調な決算を出してきた、非常に優良な企業だといえます。

本項では、2020年1月から同年8月までの同社の動向から、E計算値とV計算値を使って株価の値動きを予測する方法を解説しましょう。

ファンダメンタルズ分析

STEP 1 事業の社会的背景と同社の経営戦略を分析すると？

ＳＥＲＩＯホールディングスは、２０２０年７月にＩＲニュースの決算短信で、休業に伴う雇用調整助成金収入があったことを発表しました。この助成金が営業外収益となるか否かという点が大きなポイントで、第１クオーター時点での会社予想はこれを加味して「翌年５月の決算は増益」と出していたこと、さらに第１クオーターの進捗率が高いという点で、ファンダメンタルズ的に大きく注目していました。

当時の株式市場の情勢としては、コロナの影響で巣ごもり需要が伸びを見せており、Ｅコマース関連銘柄が大きく注目されていました。その一方で、「働き方改革」が軌道に乗り始めた背景から、これに関連する会社もねらい目であることを感じていたのですが、この視点からＳＥＲＩＯホールディングスは助成金などの収益がしっかり決算に表れており、注目すべき銘柄として白羽の矢を立てたわけです。

コロナによって、都区内ではほとんどの学校が休校となる一方で、母親層はリモートワークによる在宅勤務を強いられることになりました。自宅で仕事をしなければならないのに、学校や保育園が休みになった子どもがずっと家にいるという状態では、大きな不安を抱えていたことと思います。

テクノファンダの会では「女性が活躍する豊かな社会づくり」をずっと掲げてきたSERIOホールディングスであれば、このニーズをいち早く察知し、自社のビジネスに結びつけるのではないかという予測を立てました。

STEP 2 コロナショックが「保育園経営事業」にもたらした影響は?

SERIOホールディングスは、それまで認可保育園を5施設開園し、売上高は大幅増収、利益も大幅増益となっていました。

保育園経営というのは「ハコモノ」のようなビジネスで、建てれば建てるほど売り上げにつながります。実際にＳＥＲＩＯホールディングスとしては、新規施設を開設することで売上高を伸ばしていた部分も大きく、さらに放課後施設として10施設程度を開設したいという目論見がありました。

ところが、新型コロナウイルス感染症拡大の影響で、建設業界全体が苦境に立たされることとなりました。建設作業に従事する人材も建設資材も、いずれもが不足する事態に陥ったのです。これによってＳＥＲＩＯホールディングスには、保育園の建設工事が中止になったり延期になったりするなどの影響が懸念されていました。

この点について、ＳＥＲＩＯホールディングスからＩＲなどで発表された見解はありませんが、もしも遅延が長引けば、大きな影響を受けることは必至です。しかし結果として、この懸念は後に解消されることになりました。ＳＥＲＩＯホールディングスは放課後施設を無事に開設し、世の子育て世帯のニーズに応え、コロナ禍においても業績を伸ばしていったのです。

STEP 3 営業利益率を単体で把握せよ!

ここで、助成金に着目してみましょう。

IR情報によると「支援事業での助成金」と記載されています。これがなにを意味するのか。おそらく「支援事業」というのは、「在宅勤務支援事業」などを連想できるので、保育事業関連に交付された助成金であると判断することができます。

それでは「支援事業」とは具体的になにか。同社の展開する事業として、企業内の保育施設に保育士を派遣し、働く母親を支えるというビジネスモデルがあります。女性を支援するというビジネスは、社会情勢もあって取引先企業も大いに歓迎するところであり、SERIOホールディングスの営業利益率は顕著に伸びていました。

「営業利益率」というのは、売り上げに対して営業利益がどのくらい上がっているかを見る指標です。単に売り上げが上がっているという数字だけに着目するのではなく、営業利益を売上高で割ることで、営業利益率が算出されます。

それがどれくらい伸びてくるかは非常に重要なポイントで、営業利益率を4クオーターに分解してみると、2021年5月期予想に対してまだまだ伸びうることが、数字上から見てとれます。

もちろん、機関投資家やファンドも同じ目線でSERIOホールディングスの動向をチェックしているでしょうから、彼らも同社に投資する可能性は非常に大きいとも予想できます。

営業利益率の伸び率を見るときには、基本的には1年間の決算となるので、通常は1年ごとの決算で出る数字を比較するかもしれません。しかし、年間の決算には、本当は3か月ごとのデータが入っているので、年間の数字を期ごとに分解することが重要です。

すると、期ごとの営業利益率を判断することもできます。たとえば、第3クオーターまでは営業利益率はさほど上がっていないのに、第4クオーターに大きく上がるというような特筆すべき事態をも把握することができるでしょう。

同社の営業利益率の動きを見れば、学童保育施設も多く経営しているため、毎年

4月の年度変わり時に売り上げの数字が動くという傾向が見てとれます。2020年7月時点で、コロナ禍においても営業利益率が上昇しつづけていること、新たな施設の建設計画でさらなる営業利益が見込めること、自己資本比率が44・2%を維持しているという点から、ファンダメンタルズ的に「買い」の判断を下しました。

ちなみに、SERIOホールディングスは東証マザーズに上場していますが、テクノファンダの会ではコロナショック以降、特にマザーズ銘柄に注目しています。新興銘柄市場であるマザーズから東証一部への市場変更をめざすほどの勢いのある銘柄を探していますが、同社はまさにそれにうまく合致した銘柄といえるでしょう。

テクニカル分析

STEP 1 E計算値から「現在の水準」が予測できる！

SERIOホールディングスの株価は、好決算を受けて2020年3月の安値444円から徐々に切り返し、同年7月には1116円の高値をつけていました。すでに約3倍の株価になっていますが、ここからさらにテクニカルな判断で、伸びはあるのか、伸びるとするならどこまで伸びるかを計算します。

ファンダメンタル分析によって上がる可能性が高いと判断されていても、どこまで上がるのか、いまから買って高値づかみになってしまわないのか、不安に思われる方も多いでしょう。ここで活用すべきが、テクニカル分析による株価予測です。

まずはE計算値を使って、株価の動きを予測してみましょう。

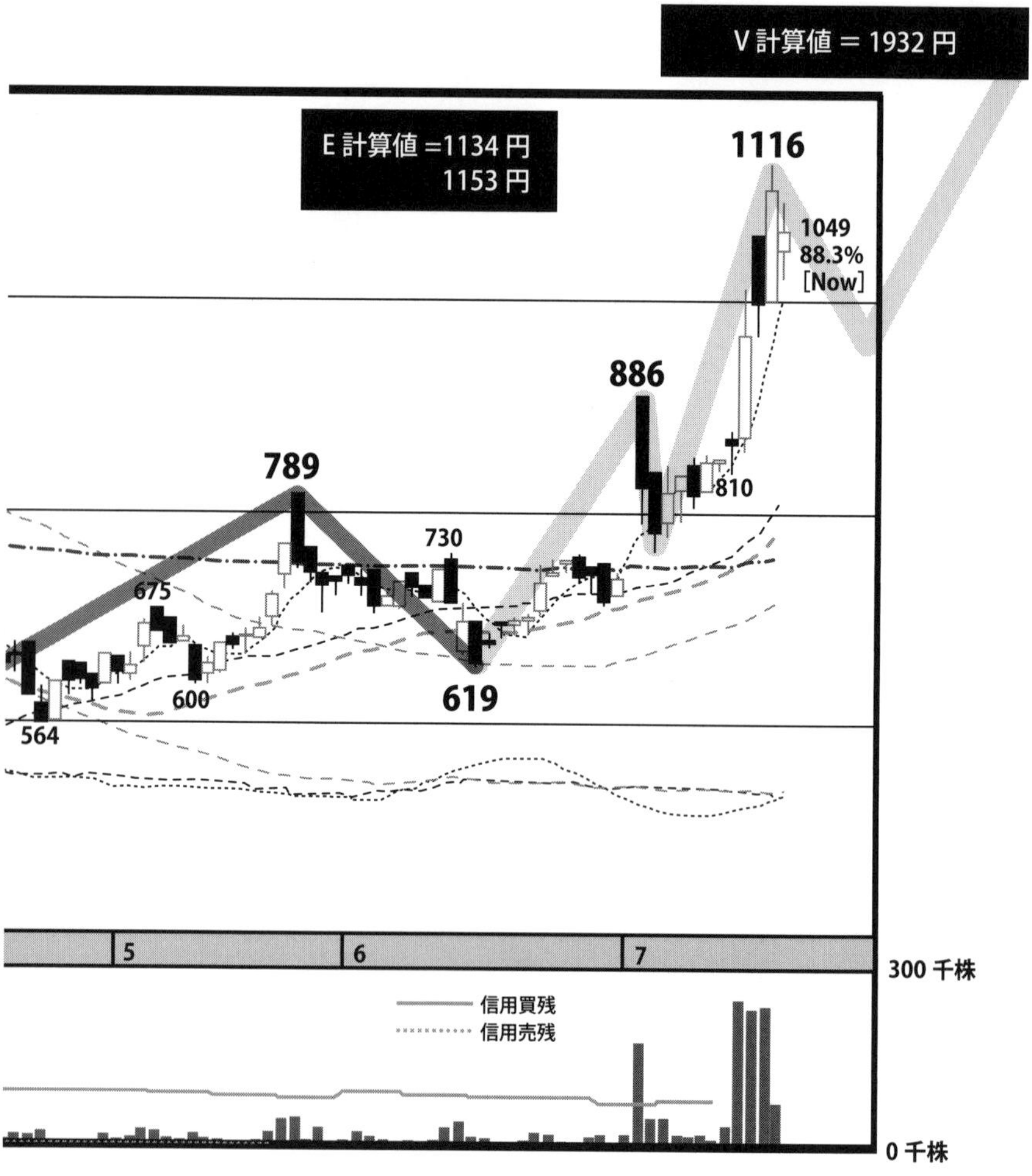
V計算値 = 1932円
E計算値 =1134円
1153円
1116
1049
88.3%
[Now]
886
789
810
730
675
600
619
564
5
6
7
300千株
信用買残
信用売残
0千株

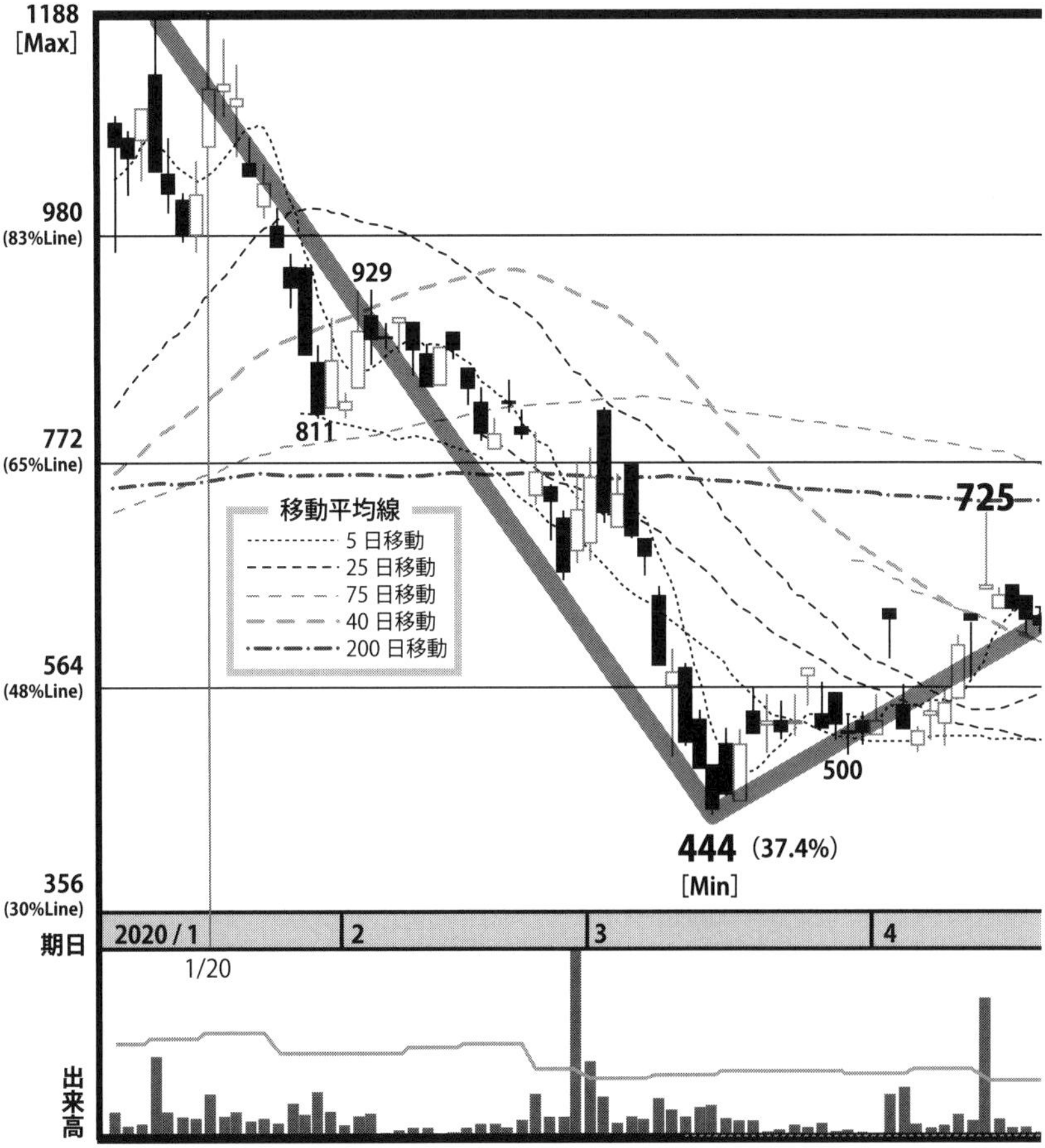
1188
[Max]
980
(83%Line)
772
(65%Line)
564
(48%Line)
356
(30%Line)
929
811
725
500
444 (37.4%)
[Min]
移動平均線
5 日移動
25 日移動
75 日移動
40 日移動
200 日移動
期日
2020 / 1
2
3
4
1/20
出来高

株価は２０２０年３月13日につけた４４４円から同年５月26日の７８９円まで、一度高値をつけて下げに転じています。この期間で３４５円上がりましたが、ここで株価の差である３４５円を高値７８９円に足すと、１１３４円という値が導かれます。これがE計算値で導かれた高値の目標水準となります。

一方、７８９円からの下げは６１９円で反転していますが、今度は６１９円を安値と見てE計算値を出してみましょう。すると６１９円から次の直近高値である８８６円まで上昇していますが、この期間をE計算値で求めると、両者の差は２６７円。８８６円に株価の差である２６７円を足すと、１１５３円が導かれます。

よって、４４４円、６１９円のいずれを安値としてとった場合でも、E計算値は１１３４円、または１１５３円と同水準となります。２０２０年７月16日の高値は１１１６円ですから、この時点で目標水準に到達しているといえます。

STEP 2 V計算値で導かれる次の株価目標は？

それでは、次段階としてはどこをめざすべきなのか。これを導くために、今度はV計算値を用いて計算してみましょう。

V計算値は、外部要因などで大きく株価が下落した安値から計算します。同社の株価は2020年1月に1188円の前年来の高値をつけていますが、コロナショックで株価が軒並み大幅安となった同年3月には、昨年来の安値となる444円をつけました。1月の高値1188円からの差は744円となります。

この差額の744円を、昨年来の高値である1188円に加えて導かれるのが、1932円という株価です。ファンダメンタルズ的に買いの判断を下したSERIOホールディングスは、大きな下落を経ましたが、テクニカルから見ればこの水準までは買えるということになります。

実際、セリオはこの目標を軽くクリアしました。2020年9月14日に2454円まで上がったあと、同年10月20日に3150円という高値をつけています。すな

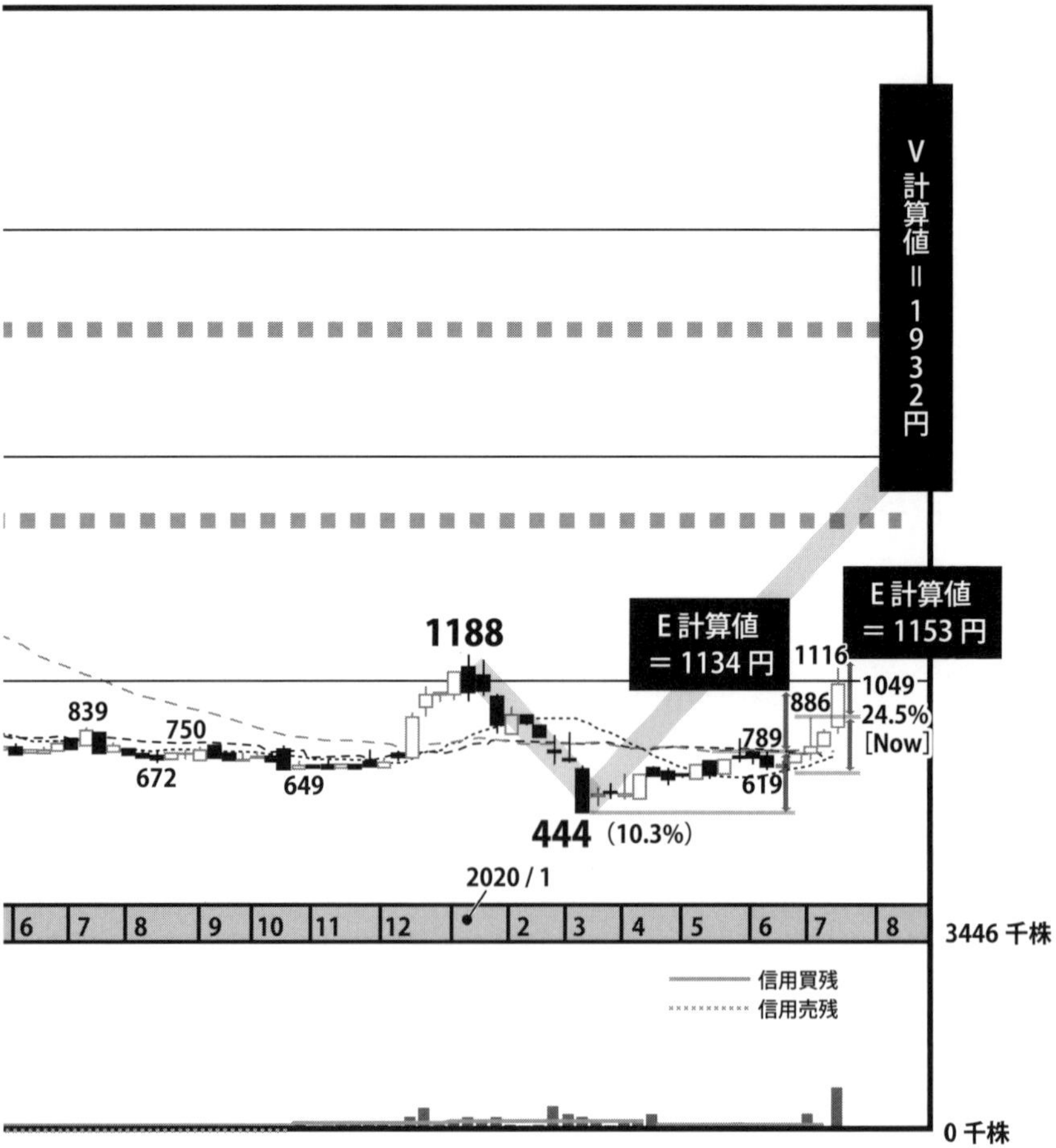
V計算値＝1932円
E計算値＝1134円
E計算値＝1153円
1188
839
750
672
649
444
(10.3%)
1116
1049
886
24.5%
[Now]
789
619
2020/1
6
7
8
9
10
11
12
2
3
4
5
6
7
8
3446 千株
信用買残
信用売残
0 千株

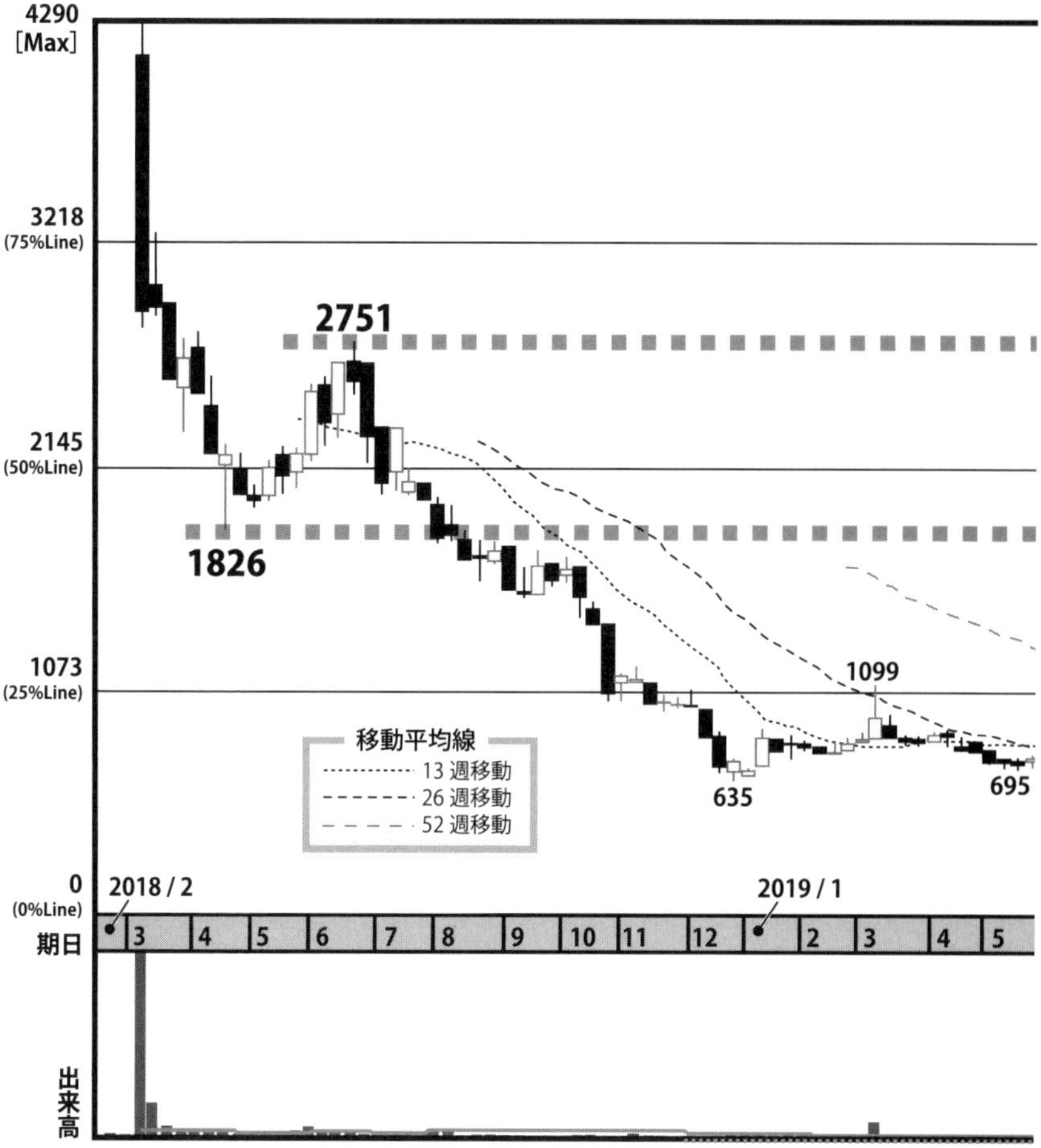

4290
[Max]
3218
(75%Line)
2145
(50%Line)
1073
(25%Line)
0
(0%Line)
2751
1826
1099
635
695
移動平均線
13 週移動
26 週移動
52 週移動
2018 / 2
2019 / 1
期日
3
4
5
6
7
8
9
10
11
12
2
3
4
5
出来高

わち、V計算値でも導かれた〝倍返し〟以上の値幅がとれたのです。

株価はこのE計算値、V計算値の法則に従って上下動を繰り返しながら、やがて決められた水準にまで上がっていく傾向があります。同時にSERIOホールディングスの場合、高値水準を一度つけると再び下げるクセがあるようです。

実際に同社の株価は、一度上がったあとに下がってから前回の高値を超えて再上昇しており、444円から789円、619円、886円と、N字の動きでジグザグしながら動いていています。このチャート上の株価の動きを「波動」と呼びますが、上向きの好調な波動を描いていれば、買える銘柄と判断することができます。すなわち「株価が好調である」とは、安値・高値をそれぞれ切り上げている銘柄といえるでしょう。

好調な銘柄で、自分が買ったあとに少しでも上がったら「売っておしまい」という方が少なくありません。テクノファンダでは、どの水準まで上がるかが明快に算出できますが、水準に到達した時点で、再度ファンダメンタルズ的なジャッジを行います。「まだいける」「もういけない」といった判断を下すための検討をするわけです。

テクニカル的視点とファンダメンタル的視点を融合し、1回の判断で終えることなく、決算を見ながら判断を繰り返してゆくところに、テクノファンダのキモがあります。最新の分析から「まだ伸びそう」「いったん利益を確定して様子見」など、さまざまな戦略を取ることができるのです。

まとめ

コロナ禍においても女性の活躍を後押しする動きは止まらず、休業にかかる雇用調整助成金を得て、営業利益率は堅調な伸びを見せ、「買える銘柄」と判断できます。一時的な伸びで満足せずに、E計算値、V計算値で目標株価を知れば、腰を落ち着けた投資が実現できるでしょう。目標値に到達したら再びファンダメンタルズ分析により投資を継続するかいったんやめるかを判断しましょう。

実践編 4

「立会外分売」と「出来高」の動きからどう行動すべきかの明確な指針を立てられた銘柄例

【株式会社コプロ・ホールディングス】

【基本情報】
証券コード:7059
業種:サービス
本社所在地:愛知県名古屋市中村区名駅3-28-12
株価:1,372円
時価総額:137億円
総資産:8,514百万円
自己資本:6,272百万円
自己資本比率:73.7%
予想配当利回り:2.92%

	売上高	営業利益	経常利益	純利益
2019年3月期	1,019	1,344	1,336	938
2020年3月期	13,122	1,592	1,585	1,084
2021年3月期 2Q予想 通期予想	7,327 15,398	408 1,670	408 1,669	332 1,148

(百万円)

株式会社コプロ・ホールディングスの中核は、建設エンジニア専門の人材派遣を行うコプロ・エンジニアシードです。同社の事業を簡単にいえば、建設業界の人材派遣業です。

本項では、2020年3月から同年7月までの同社の動きから、「買い」と判断する理由を分析し、どう行動すべきかを具体的に判断する方法を解説しましょう。

ファンダメンタルズ分析

STEP 1

「立会外分売」から見えた市場変更の兆し

コロナの影響で現場が軒並みストップし、経営的に大打撃を受けた建設業界ですが、それは働く人にとっても同じです。特に派遣社員は自宅待機を強いられ、給与の支給もないという人が大半でした。

コプログループの一会社であるコプロ・エンジニアシードでは、施工管理者を主に派遣するほか、ＣＡＤオペレーター、設計技師などの派遣も行っています。コロナ禍でもそうした業務においては労働力が不足し、とにかく人材が欲しいという切なる需要がありました。むしろ、ほかの会社の社員の出社が少ないために需要が伸びているという、意外な側面もあったのです。

コプロ・ホールディングスでまず注目すべきは、「立会外分売《たちあいがいぶんばい》」です。

「立会外分売」というのは、新規株主を増やすことを目的に、保有する株式を小口にしたり、安く売り出したりすることです。市場で売買されるよりも株式を割安で手に入れることができますが、株数が制限される、一般投資家にのみ売られるという制約もあります。

同社が２０２０年5月28日に立会外分売を行うということは、ホームページ上のＩＲ情報で事前に発表されていました。ここでポイントとなるのは、なぜ立会外分売をするのかという背景です。個人投資家向けのＩＲニュースによれば、「株式の立会外分売実施に関するお知らせ」として、立会外分売を行う日時や概要、そして実施の目的として「東京証券取引所市場第一部及び名古屋証券取引所市場第一部への市場変更申請を行う準備を具体的に進め、その形式要件の充足のために」と明言されていました。

当時は、東証一部に市場変更する審査基準として、「株主が2200人以上であること」という条件がありました。ほかには「時価総額40億円以上」という条件もありますが、コプロ・ホールディングスはこの時価総額の条件はすでに満たしていました。なお、東証一部に上場するための審査基準は、2020年11月にハードルが上がりました。2021年6月時点で、「株主数は800人以上」と緩和されたものの、「時価総額250億円以上」という条件が設定されています。同社は2200人以上の株主を備えるために、株式を小口にして大量に売り出そうとしたわけです。

2020年3月時点で、コプロ・ホールディングスの株主は1072人でした。立会外分売を行うと、単純に1600人の株主が増え、当時の市場変更の審査基準をクリアできることになります。

コプロ・ホールディングスが立会外分売を行うことは誰もが入手できる情報でしたが、その実施の目的に着目し、同社の思惑から株価の動きを推理できるかが大きなカギとなります。同社の場合は実施の目的を明言していたから推理しやすいのですが、立会外分売実施を発表しても、そのねらいまでは公表しない企業もあるので、なぜ企業が立会外分売をするのかの理由を追求することが大切です。そしてコプロ・ホールディングスは、立会外分売の後に東証一部への市場変更を行いました。

なぜ、東証一部をめざすのか。これには知名度や信用度を向上させたいといったさまざまな理由が考えられます。この動きが投資家に直接的にもたらす影響としては、東証一部に上場すると、機関投資家がその銘柄を買えるようになるということがあります。

東証一部の全銘柄は、日経平均やＴＯＰＩＸなどの銘柄に組み込まれているため、機関投資家は業種や業績に関係なく株式を買うことができます。そのような「プロによる買い」が入れば、株式上昇の可能性は大きく高まるでしょう。現に、コプロ・ホールディングスの株価は、東証一部へ市場変更後、４２００円まで上昇しています。

テクノファンダの会では、２０２０年５月に立会外分売が予告された時点から着目し、注意深く様子を見守っていましたが、２０２０年７月時点で買いの判断を下しました。

テクニカル分析

STEP 1 出来高を伴って上昇する銘柄は強い！

ファンダメンタルズ的にはこれからの伸びが大いに期待できそうなコプロ・ホールディングスですが、２０２０年1月に高値をつけてから、3月に向かって下げの動きが加速していました。

株価の最安値、すなわち「大底」を察知するテクニカル手法には、「出来高は株価に先行する」という法則があります。コプロ・ホールディングスは２０２０年４月22日に、大底の１１８２円をつけますが、ここで大底に至るまでの出来高に注目してみましょう。

ある一定期間に売買が成立した株式の数量を「出来高」と呼びます。チャートを見ると、大底をつける同年4月22日の少し前に、それまでの出来高から2倍以上、

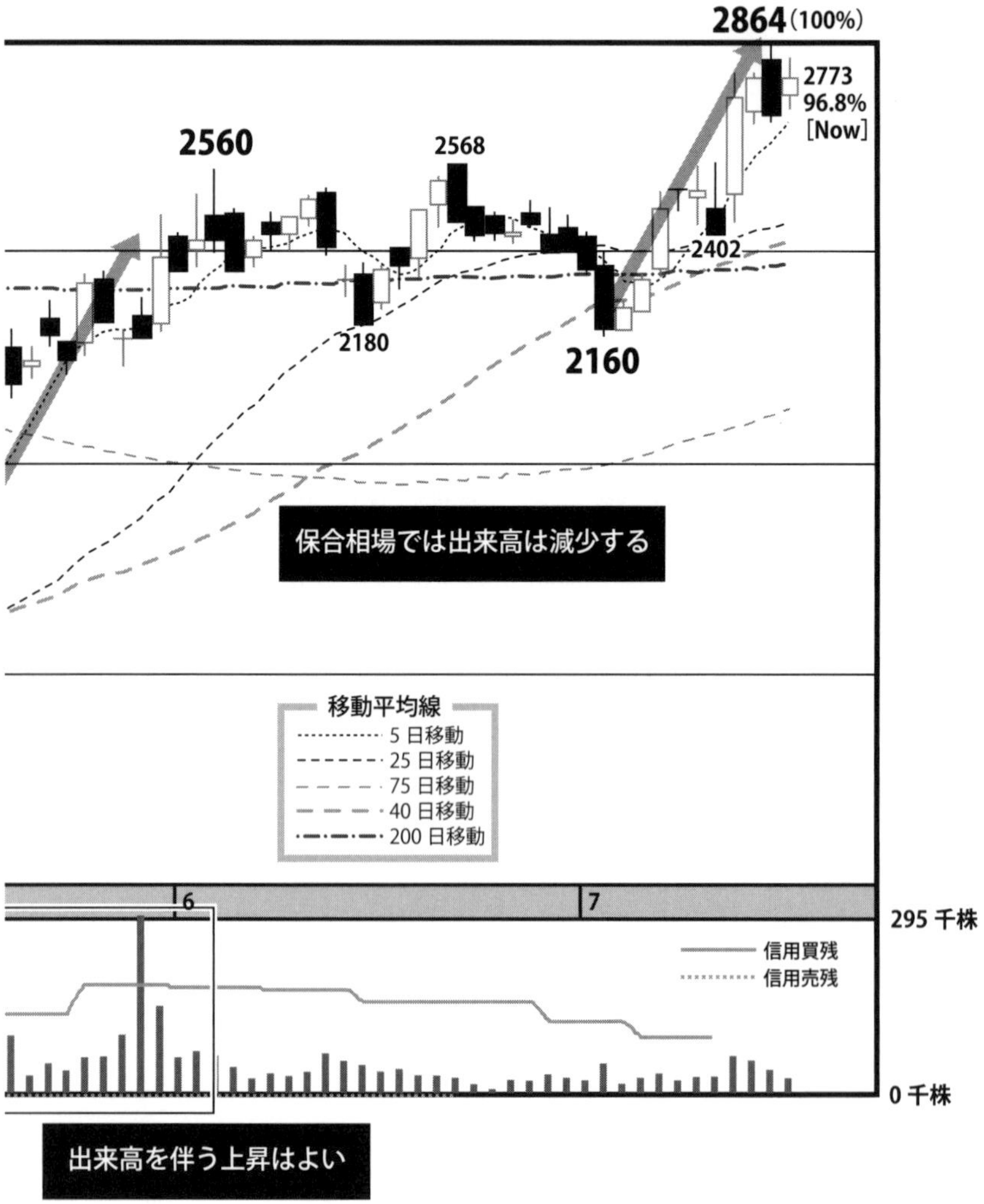
2864（100%）
2773
96.8%
[Now]
2560
2568
2402
2180
2160
保合相場では出来高は減少する
移動平均線
5 日移動
25 日移動
75 日移動
40 日移動
200 日移動
6
7
295 千株
信用買残
信用売残
0 千株
出来高を伴う上昇はよい

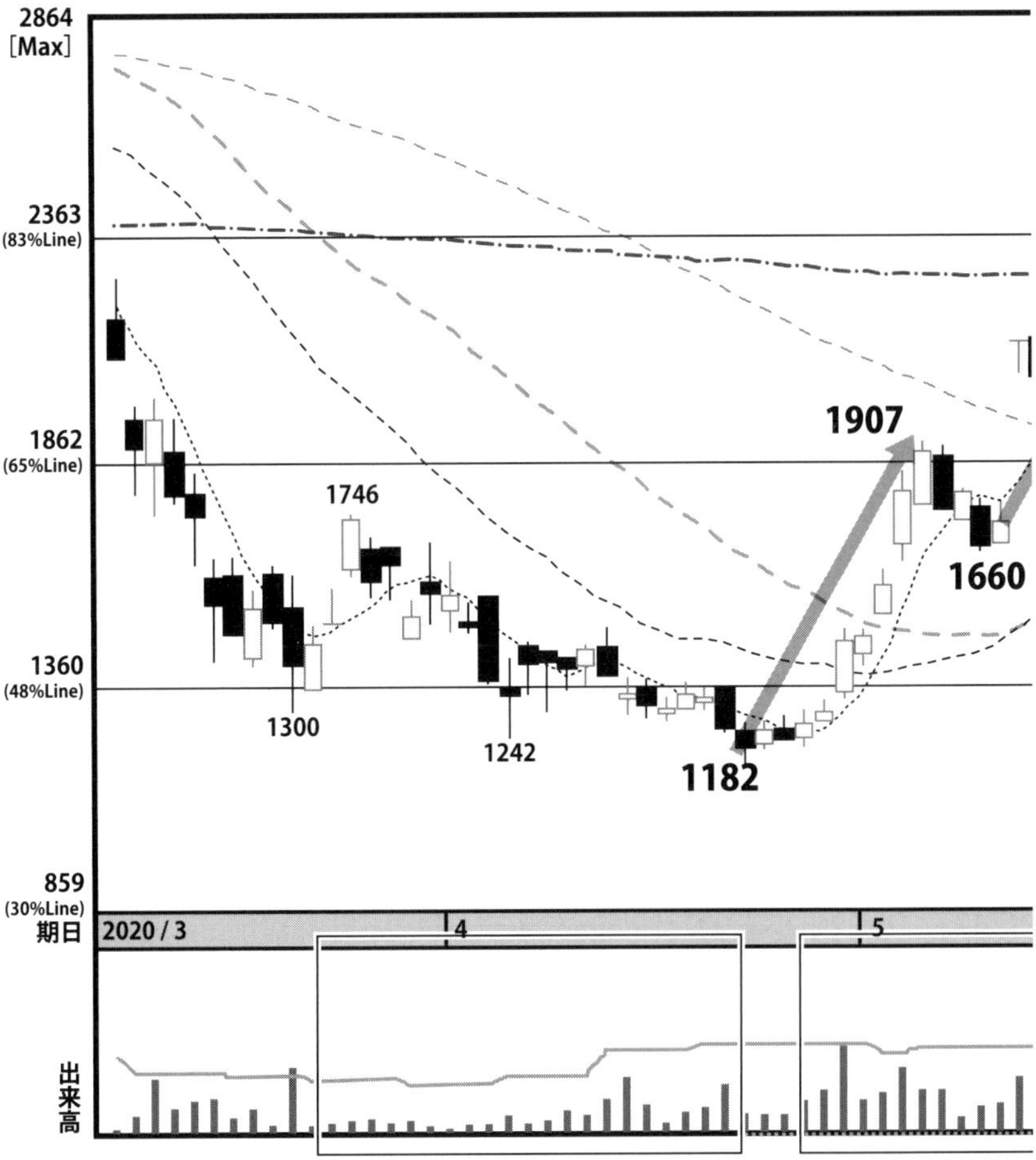
2864
[Max]
2363
(83%Line)
1862
(65%Line)
1360
(48%Line)
859
(30%Line)
期日
出来高
2020 / 3
4
5
1746
1300
1242
1182
1907
1660

日によっては3倍以上の売買出来高があることが確認できます。同社の株価そのものは下がりつづけていたわけですが、出来高があるために、底はついていることが明確にわかります。

その先の株価の動きを見ると、2020年4月下旬の1182円から、2020年5月上旬の1907円まで一気に上昇しています。このときは出来高を伴って上昇していますが、「出来高を伴って上昇する銘柄は強い」ということも、テクニカル分析においてぜひ覚えておいていただきたいことの一つです。

株価はいったん押し目をつけますが、チャート上の矢印が示すように、1182円から1907円という最初の上昇幅と同じ程度の上昇が見られることがわかります。1660円から2560円、2160円から2864円という価格の差は、最初の上昇幅とさほど大きく変わっていないのです。この期間の最安値1182円から、同期間の2度目のピークである2560円までの上昇幅は、1378円です。つまりE計算値は2560円に1378円を加えた3983円となります。

E計算値は、短期や中期で高値の価格帯である「天井圏」を示唆することも多いのですが、同社の株価はその後も一本調子で上がりつづけ、2021年1月には4000円をつけてピークアウトしています。E計算値がピタリと当てはまった好

STEP 2

V計算値と拡大Y波動で高値のめどをつけると？

ここで、V計算値も解析してみましょう。V計算値とは、「上昇局面においては、下げた分の価格と同じくらい、前回高値から上昇する」という前提に立った計算方法で、いわゆる「倍返し」といわれるパターンになります。

コプロの前回高値は、2020年1月につけた3370円でした。そこから2020年4月の最安値1182円までの下落幅は2188円となります。この2188円という差額分を最高値に足すと（2188円に3370円を加えた）5558円がV計算値となり、高値のめどをつけることができます。

もうひとつ、「拡大Y波動」という分析方法を使って高値目標を立ててみましょう。

拡大Y波動では〈高値→安値→高値→安値〉という動きを繰り返し、逆ペナント

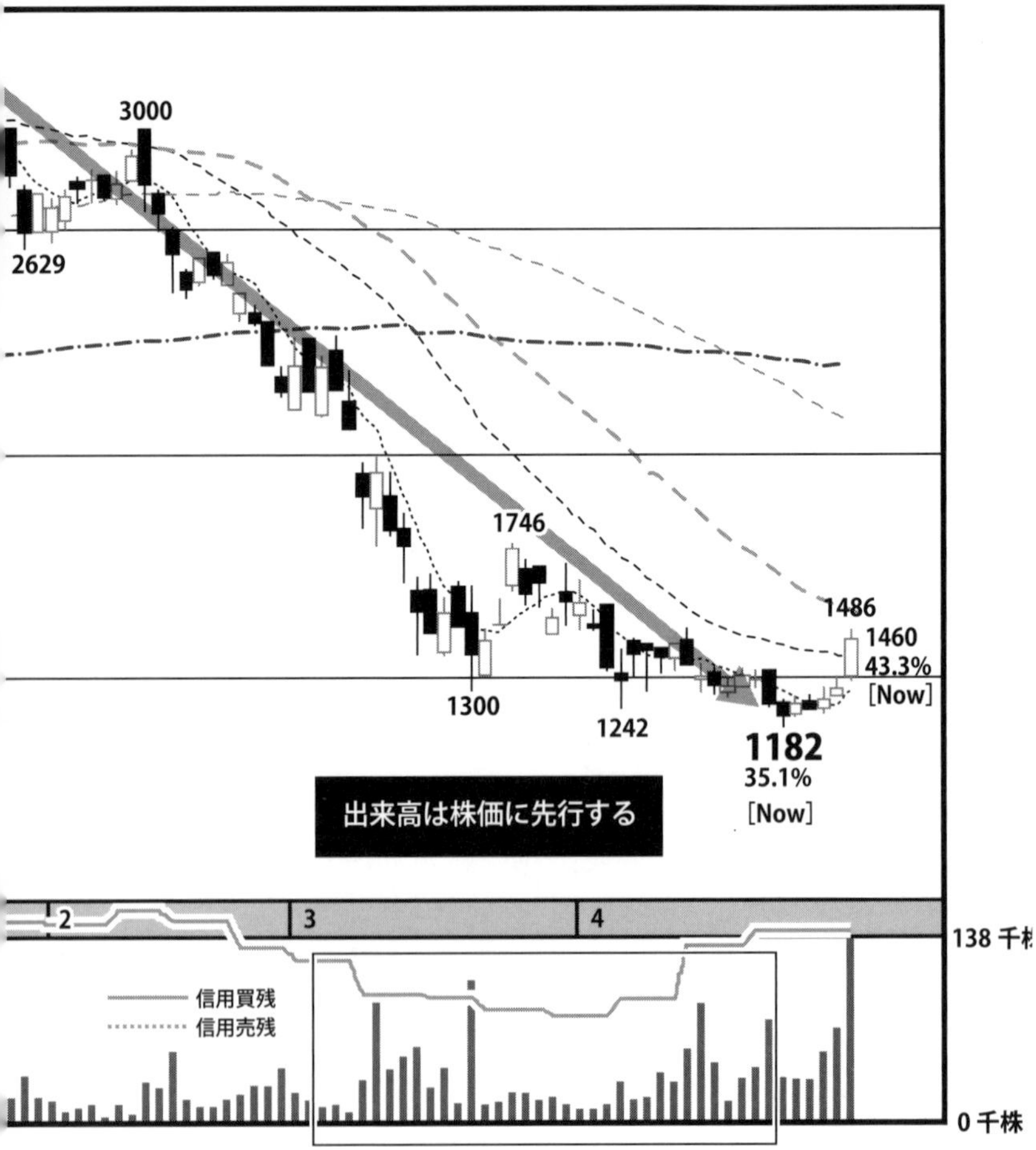

3000
2629
1746
1300
1242
1486
1460
43.3%
[Now]
1182
35.1%
[Now]
出来高は株価に先行する
2
3
4
信用買残
信用売残
138 千株
0 千株

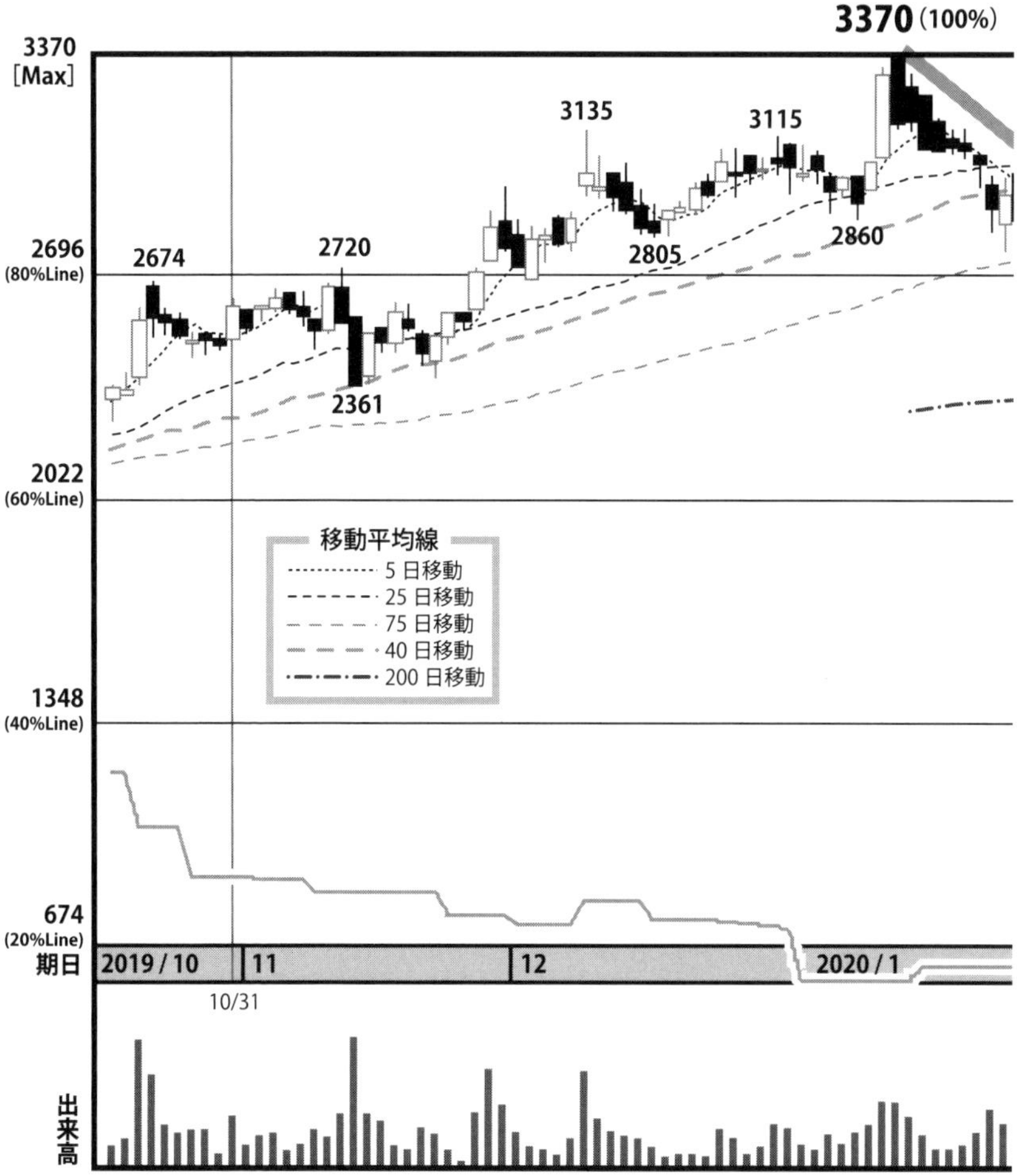
3370 (100%)
3370
[Max]
3135
3115
2696
(80%Line)
2674
2720
2805
2860
2361
2022
(60%Line)
移動平均線
5 日移動
25 日移動
75 日移動
40 日移動
200 日移動
1348
(40%Line)
674
(20%Line)
期日
2019 / 10
11
12
2020 / 1
10/31
出来高

拡大Y波動図

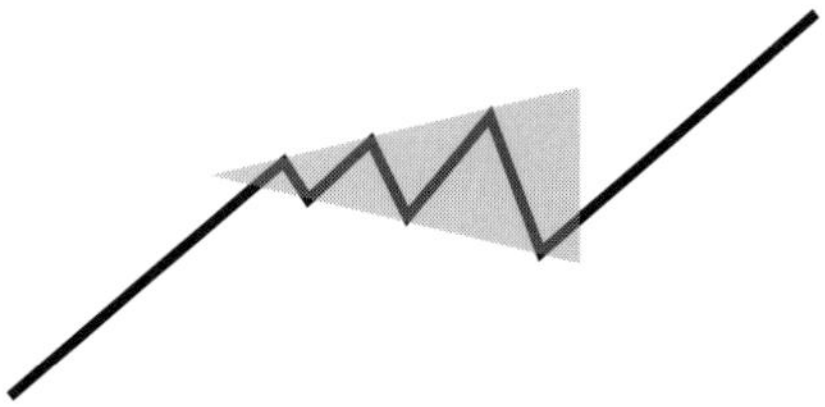

「拡大Y波動図」とは、株価が上下を繰り返しながら、その上下幅を徐々に拡大させながら推移する動きです。一般的には高値が切り上がって安値が切り下がりながら上下幅を拡大しますが、そのなかでは高値と安値を推測することが難しくなります。コプロの場合は上昇局面のなかで「最高値がどこになるのか」「まだ追えるのか」を見極めることがポイントとなりますが、過去の安値と高値の関係から高値のメドを推し量ることができます。

（拡大三角）を形成します。いわゆる「三角保合《もちあい》」といわれる保合相場で、価格は上下して同じような水準で推移し、出来高も減少します。しかし、一定期間を過ぎれば上下のいずれかに大きく動きます。

これに当てはめれば、2019年8月の安値1938円と2020年4月の安値1182円の差は、756円です。2020年1月の最高値3370円に756円を足すと4126円となり、これが均衡値の高値のめどとなります。

これらの分析から総合的に判断すると、コプロの高値のめどは4000円前後となり、このあたりで利益確定すべきといえます。逆にこの銘柄を保有していない方であれば、このあたりでは買わずに様子見と判断したほうがよいでしょう。この銘柄の買い場を探すなら、2020年5月時点の立会外分売を実施すると発表したときがねらい目です。いかに強い動きをしている株であっても、テクニカル分析でピークを見定め、深追いしないことが重要です。

まとめ

まずは同社の大きな動きである立会外分売に、どのような思惑が隠されているのかを探りましょう。東証一部へ市場替えすることで、どのようなメリットが得られるのかを推理すれば、株価の上昇を予測することができます。当時は一般投資家にはあまり注目されなかった銘柄でしたが、思惑を悟った機関投資家らが積極的に買いを入れたため、株価は下がりながらも出来高を伴って徐々に底堅い動きを見せました。最安値からE計算値の水準まで一気に駆け上がり、株価のピークを迎えたわけです。

コロナ禍のニーズ拡大と関連事業会社買収の動きを分析して「買い」の判断を下した銘柄例

【株式会社ミンカブ・ジ・インフォノイド】

【基本情報】
証券コード:4436
業種:情報・通信
本社所在地:東京都千代田区九段北1-8-10
株価:4,130円
時価総額:615億円
総資産:6,989百万円
自己資本:3,915百万円
自己資本比率:56.0%
予想配当利回り:0.44%

	売上高	営業利益	経常利益	純利益
2020年3月期	2,790 (—)	523 (—)	504 (—)	447 (—)
2021年3月期予想	4,000 43.4%	700 33.8%	680 34.9%	500 11.9%

(百万円)

株式投資家はさまざまな情報をインターネットに求めますが、株式会社ミンカブ・ジ・インフォノイドはそのような投資家向けにメディア事業を展開しています。同社では「みんなの株式」や「株探」などで個人投資家向けのサイト事業を営む一方で、金融機関を顧客とする広告の掲出や情報ソリューションを提供しています。

本項では、2020年1月から同年7月までの同社の動きから、コロナ禍という特殊な状況以降にどのように「買い」を判断すべきか、それを見極める方法を解説しましょう。

ファンダメンタルズ分析

STEP 1 コロナショックで売り上げ増加、事業拡張！

株式メディアにとっては新規顧客登録数がすべてであり、常に顧客の獲得を目指しています。2020年以降、コロナショックによる自粛期間において、株式口座の開設数が急増したというニュースが報じられました。実際にこの動きを受けて、ミンカブ・ジ・インフォノイドが運営するサイトも、新規利用者が増加。2020年3月の月間ユニークユーザー数は、2019年の平均ユーザー数778万人を大きく上回って、1172万人に到達し、同社の売り上げに大きく寄与しています。

同時期の2020年3月には、ミンカブ・ジ・インフォノイドがロボット投信株式会社を買収することが発表されました。ロボット投信株式会社は投資信託に特化したＳａａＳ型情報ベンダーであり、主に投資信託業務、また証券会社や銀行等の投資信託販売、マーケティング業務の効率化などのソリューションを提供しています。

これによってミンカブ・ジ・インフォノイドは、投資信託の運用会社ならびに販売会社向けの情報ソリューションラインナップの充実を図ることになります。

買収は２０２０年３月に行われ、同年８月４日の決算で連結決算として、どのような数字が見えてくるか、投資家から大きな注目を集めていました。３月期の決算は、ロボット投信を買収したため赤字になっていますが、来期予想は売上高43・4％増、営業利益は33・８％増と、いずれも高い水準での上昇を見込んでいます。

テクノファンダの会では、買収効果がすぐに出てくれれば今期黒字化も十分に見込めるとして、買収が行われた２０２０年３月時点から着目し、決算までは注意深く様子をうかがうことを決めました。そして２０２０年８月４日の決算を前に、「買い」の判断を下せると見たのです。

STEP 2
IRを徹底活用して業績の内実を正しく把握せよ!

この銘柄に限らず、企業の買収や業績などについて不明瞭なことがあれば、IRに直接質問するというのも有効な手です。

IR（Investor Relations：インベスター・リレーションズ）とは、株式上場企業が投資家向けに情報を発信する部署であり、活動そのものを指します。企業のホームページなどで「IR」というページがあれば、そこで決算や業績、今後の方針や社長のメッセージなどを確認できます。

IRは株価の推移を判断しうる情報の宝庫であり、株式投資家であれば必ず確認すべき重要な情報です。

まずは企業のホームページからIRを確認し、問い合わせ先の電話番号が載っていれば、直接電話してみましょう。最初は躊躇するかもしれませんが、「個人投資家ですが、御社の情報について詳しくお聞かせください」と頼めば、意外にも答えてくれるものです。

たとえば、「今回の買収で、どんな事業につながりますか？」「業績はどうですか？」「増配しますか？」といったようにさまざまな質問をしてみると、担当者がポロリと本音を漏らすこともあります。

ＩＲの発表があまりに不透明な場合は、「御社は、投資家のことはあまり考えてくれないのでしょうか？」「株主のために何をしてくれるのでしょうか？」と踏み込んで聞いてみてもいいでしょう。「将来的には、このような戦略があります」といった具合に、方針を語ってくれることがあります。

ほかにも、社長が交代したタイミングであれば、電話で「新しい社長の下では雰囲気はどうですか？」なんて質問をしてみるのも有効です。担当者によっては、「だいぶ良くなりました」といった答えが返ってくることもありますが、すると「前社長時代は雰囲気が悪かったんだな」「新社長の下では期待できるかもしれない」と判断できるかもしれません。

もちろん、問い合わせによってその企業の業績の詳細がわかるわけではありませんが、言葉の端々に会社の姿勢や現状を感じ取ることができるので、その企業の将来性を測る重要な要因となるでしょう。

このように、IRに直接質問することの大きなメリットとして、「知りたい情報」を得られるという点ばかりではなく、回答内容によって、会社の姿勢が見えてくるということがあります。

総じて、上場して間もない銘柄であれば、投資家の力なくしてはこれからの成長が期待できないと理解しているせいか、電話での問い合わせにも真摯かつていねいに答えてくれる傾向があるようです。しかし、昔から一部上場しているような銘柄の場合は、定形的な回答しか返ってこなかったり、なかには「折り返してお返事します」と言ってそのまま電話をくれなかったりすることもあります。対応は企業によって大きな差がありますが、これによって株主に対する誠実さを測り、「買い」の判断材料の一つとしてみるのです。

テクニカル分析

N計算値から、先々の水準を予測せよ！

コロナショックが起こった2020年3月の直近最安値を起点として、直近高値と直近安値を結ぶ三角形ABCを形成するのに、56日の日柄を使って考えてみましょう（106ページ参照）。「日柄」とは株価になんらかの影響が出て上昇や下降が落ち着くまでの期間を指し、「56日」というのは、暦の日数ではなく、市場取引が行われた日のカウントです。

2020年8月上旬時点でのチャートでは、665円をつけた同年3月23日の安値からABCに至る6月12日の日柄と、6月12日から同じように同程度の日柄を使って山を描いていくのではないかと予測できます。すると、E計算値が使えるようになります。しかし、8月上旬以降のチャートに関しては、どの計算値を使うべきか、値動きによって変わります。相場は常に変化しますので、そのときどきで「使う武器」を変える必要があります。チャートが変わると出す計算値も変わるので、そのつど判断を下さなければなりません。

ミンカブの場合、２０２０年8月時点で、3月から6月までに要した56日と同程度の日柄で、同じような山が形成されています。6月中旬の安値１２５０円、7月の直近高値２１９５円、下落した１８０８円の３点からN計算値を求めると、２７５３円という目標値が算出されます。１０６ページのチャートにはありませんが、２０２０年10月7日の高値が２９９３円となり、実際に達成することができました。

まとめ

ロボット投信を買収したことで、同社の次の戦略をより具体的にイメージできるでしょう。情報戦略と投資信託の融合で、マーケティング業務の効率化に大いに期待できます。同時に、次期予想は増収増益で、「買い」の期待値も高まります。

実際に目標値を算出するのにどの計算値を使うべきかは非常に悩むところですが、チャートの動きを常に確認し、どの形が適用されるかを俯瞰的に判断する必要があります。

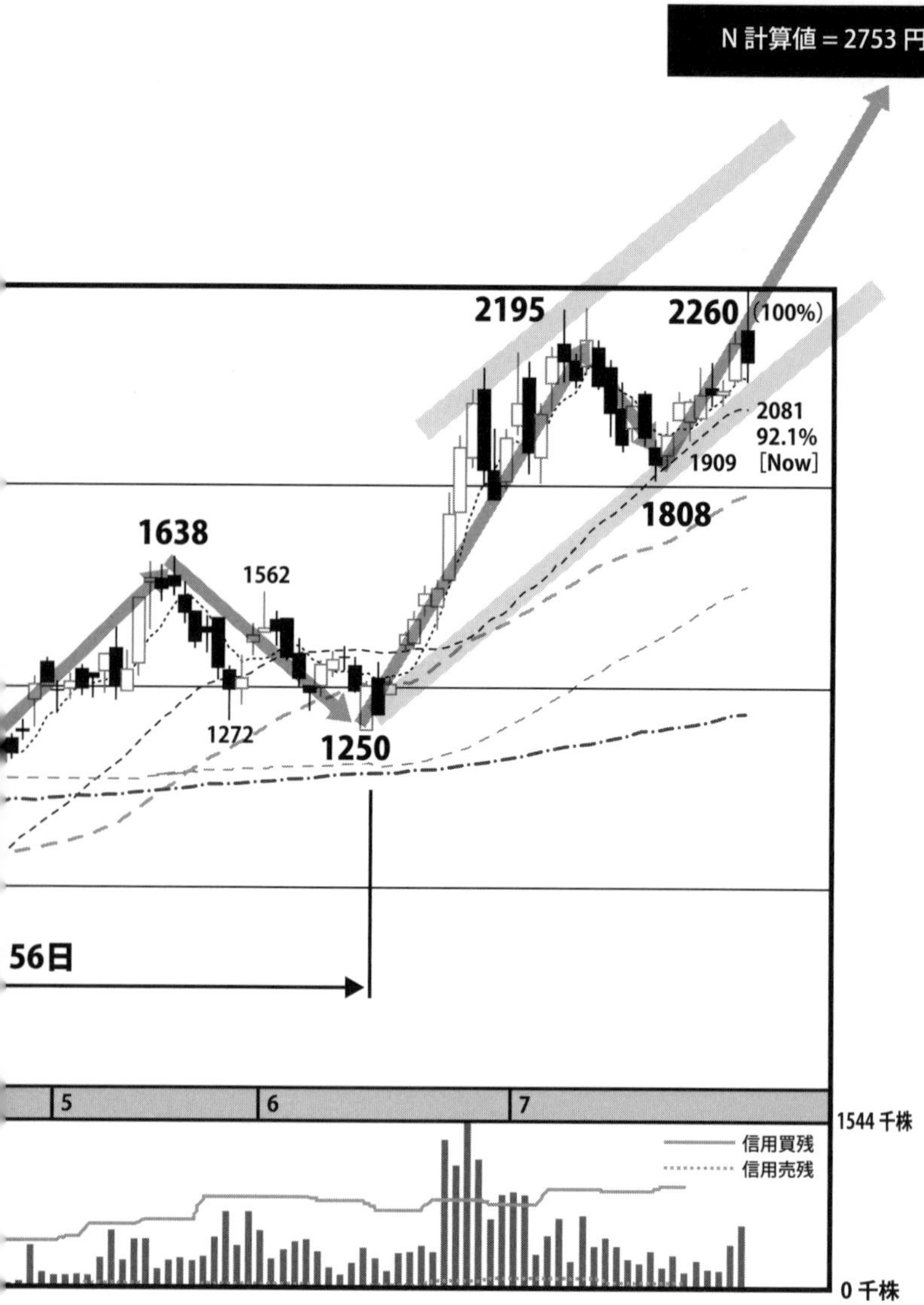

N計算値＝2753円
2195
2260
(100%)
2081
92.1%
1909
[Now]
1808
1638
1562
1272
1250
56日
5
6
7
1544千株
信用買残
信用売残
0千株

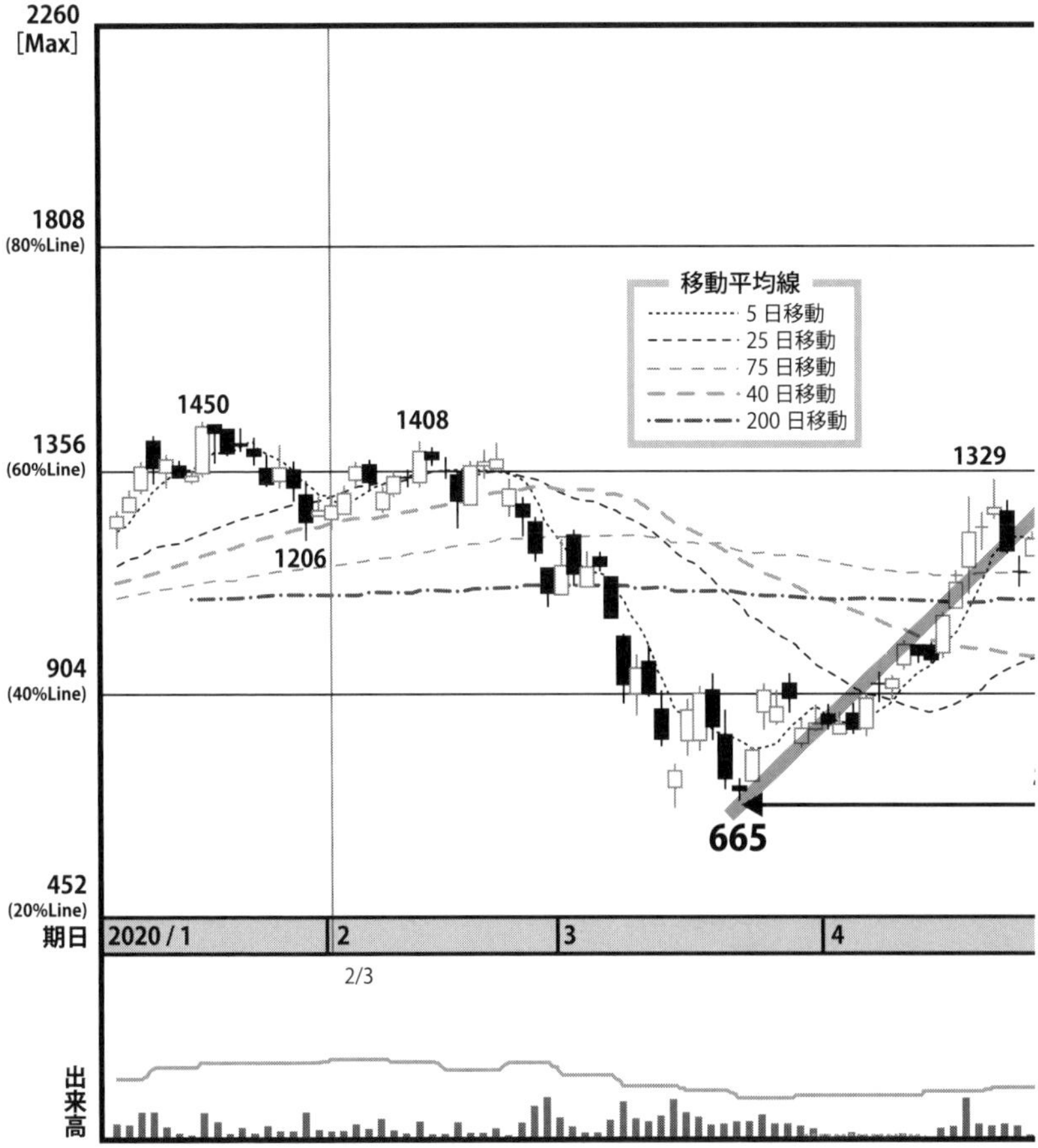

2260
[Max]
1808
(80%Line)
1356
(60%Line)
904
(40%Line)
452
(20%Line)
移動平均線
5 日移動
25 日移動
75 日移動
40 日移動
200 日移動
1450
1408
1206
1329
665
期日
2020 / 1
2
3
4
2/3
出来高

「期ズレ」のからくりと「天井」予測から売買のベストタイミングを見定めた銘柄例

【株式会社ライトアップ】

【基本情報】
証券コード：6580
業種：サービス
本社所在地：東京都渋谷区渋谷2-15-1　渋谷クロスタワー
株価：3,135円
時価総額：182億円
総資産：2,505百万円
自己資本：2,052百万円
自己資本比率：81.9%
予想配当利回り：ー

	売上高	営業利益	経常利益	純利益	前年比
2021年3月期1Q	345	26	26	21	ー
2021年3月期予想	2,089	405	404	280	+82.6%
進捗率	16.5%	6.4%	6.4%	7.5%	

（百万円）

クラウドソリューション事業とコンテンツ事業を手掛ける株式会社ライトアップは、ウェブコンテンツ制作のほか、企業の生産性を向上させるためのITツール導入支援などのコンサルティング事業を柱としています。コロナ禍で対面での営業活動が制限されるなか、同社のネット環境を使った業務支援が企業のニーズにマッチすると考えて、この銘柄に着目しました。

本項では、2018年５月から2020年10月の同社の動きから、決算書から企業の業績実態を正しく把握するポイントと、高値目標のめどのつけ方を解説しましょう。

ファンダメンタルズ分析

STEP 1

「期ズレ」が示すものは？

ライトアップでは助成金を受けるための診断システムを開発しています。コロナショックで経済全体が大打撃を受けるなかで、各企業にとってはこの先の売り上げが不透明となり、新規の助成金を取り込みたいという切なるニーズが高まりました。ライトアップのコンサルティング事業は、その意味でもニーズを発揮することになります。メインの取引先は大日本印刷ですが、企業だけでなく自治体にも導入の見通しがあり、その点でも大いに期待できました。

ライトアップにおいてまず着目すべきは、「期ズレ」です。

「期ズレ」とは、本来の納期の日程が変更されてしまうことですが、ライトアップではJエンジンというサービスが、更新作業により納品日が変更になるといった理由から、期ズレがたびたび発生していました。２０２１年の第１クオーターはその典型ですが、期ズレによって売り上げがすっぽりと抜け落ちています。

とはいえ、期ズレが発生すると売り上げがまったくなくなってしまうわけではありません。もちろん納品すればほかの期に数字が反映されます。ライトアップは下期偏重型で、売り上げが後半10月から3月に偏ることが多いのですが、これは期ズレや取引先である自治体の支払時期が下期に偏るためだと考えられます。

現に、２０２１年3月期の第１クオーターの決算を見ると、予想に対して進捗率は売上高が16・5％、営業利益が6・4％という数字です。本来であれば「第１四半期」なので、進捗率は25％で計画どおりです。

このような下記偏重型の傾向があるライトアップはクセのある銘柄ではありますが、たとえ前期に売り上げがあまり上がっていなくても、心配しなくても大丈夫と判断することができます。逆に、もしも「決算の進捗率が悪い」という理由で売られて株価が下げているのであれば、絶好の買い場となるかもしれません。

STEP 2 業績拡大を期待させる業務提携のニュースに注目しよう

ライトアップを「買い」とするもう一つの判断材料として、2020年8月に報じられたあるニュースがあります。同社が株式会社USEN（USEN－NEXT GROUP）と業務提携することを発表したのです。

USENは、USEN－NEXT GROUPの一員として、「お店の未来を創造するUSENの店舗DX」を掲げ、レジやネットワークなどの店舗におけるIoT／ICT設備を手掛けています。音楽配信事業では日本最大のシェアを誇り、電力をはじめとするエネルギー事業も展開しています。

この業務提携によって、USEN－NEXT HOLDINGSの保有する75万社の顧客が、ライトアップの助成金診断システム「Jシステム」を活用して、国や自治体の各種公的支援制度を活用しやすくなることが期待できます。新たな75万社の顧客に向けたサポート体制の構築が、ライトアップの業績に寄与する影響は、非常に大きいでしょう。

当時はコロナの影響で、東証一部の製造業などの大型株には、ほとんど動きがありませんでした。2020年3月から夏にかけて経済は回り始めていましたが、企業活動は対面ではなくウェブ上でのビジネスに完全にシフトしており、テクノファンダの会では、その点からライトアップの事業はまだまだ伸びしろがあると考えました。世の中のニーズに合致する企業であり、これからの成長に十分期待できると判断し、「買い」のタイミングを探すことにしたのです。

テクニカル分析

STEP 1 Nの波形からN計算値かE計算値かを目標にせよ！

ライトアップは2018年に新規上場した会社で、上場当時の高値3950円（分割前）から下落を続けていました。株価としてはあまり評価されず、上場以来下落基調にありましたが、チャートを見るとコロナショックを境に上昇に転じていることがわかります。2020年3月のコロナショックで最安値620円をつけてから、助成金申請のニーズが高まるとにわかに一変し、同社のシステムが求められ、株価は反転したのです。

同年3月の最安値620円から6月8日につけた2550円が、最初の上昇波となります。その後、7月にいったん下落して1664円が押し目となり、再度反転します。N計算値で同程度の上昇幅と捉えると、3594円が一つのめどとなりま

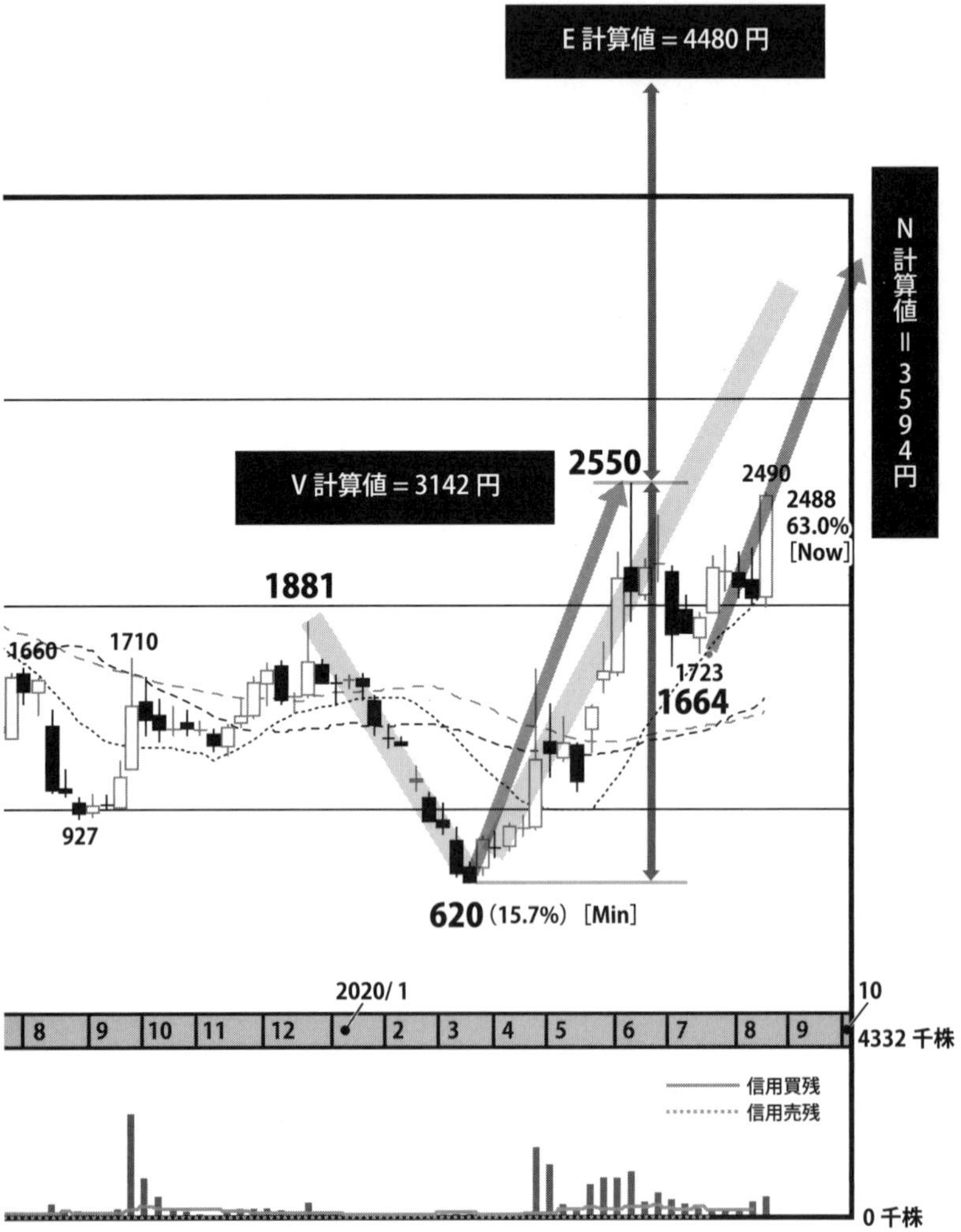
E計算値＝4480円
N計算値＝3594円
V計算値＝3142円
2550
2490
2488
63.0%
[Now]
1881
1660
1710
927
1723
1664
620（15.7%）［Min］
2020/ 1
8
9
10
11
12
2
3
4
5
6
7
8
9
10
4332千株
信用買残
信用売残
0千株

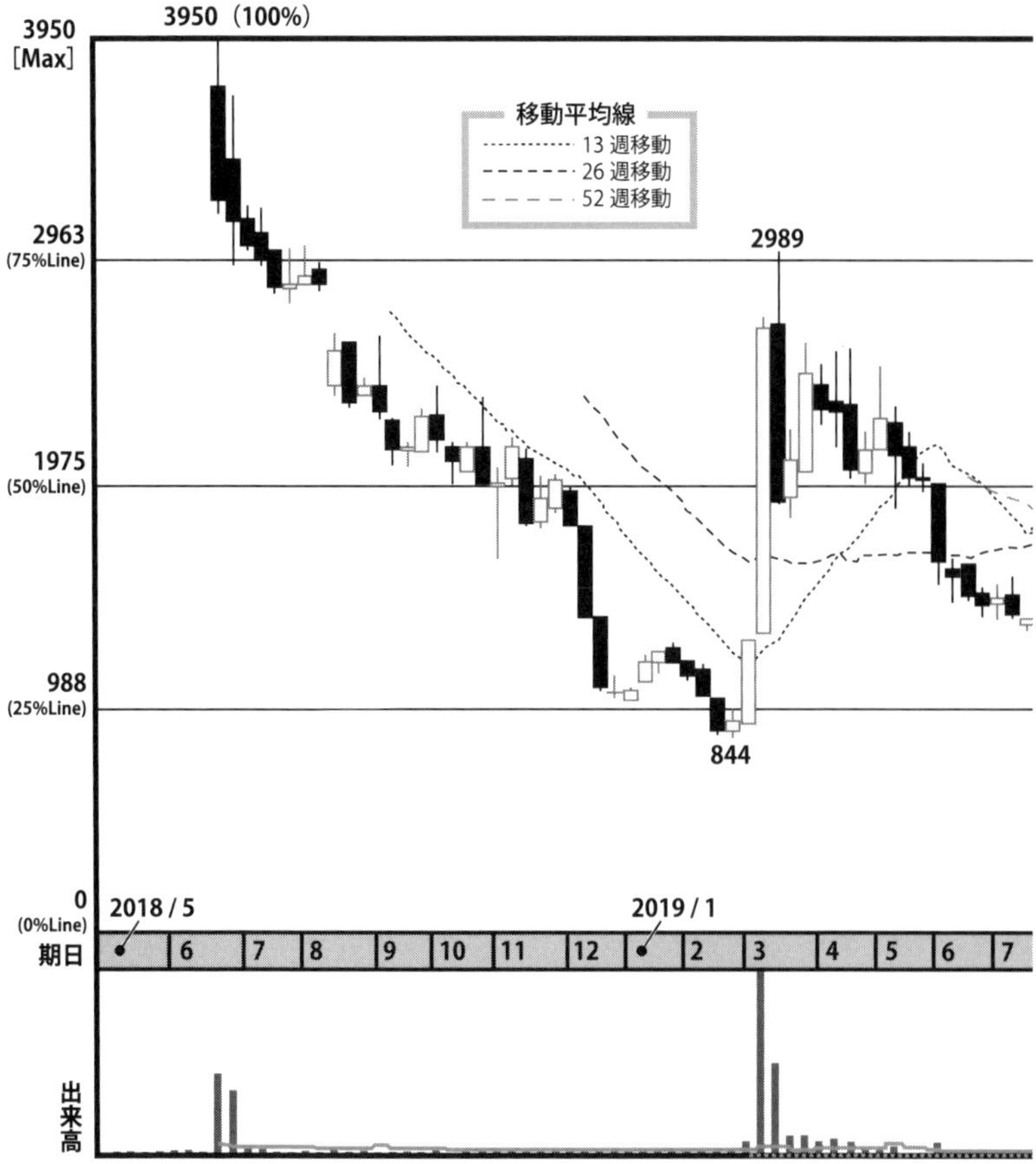
3950（100%）
3950
[Max]
移動平均線
13 週移動
26 週移動
52 週移動
2963
(75%Line)
2989
1975
(50%Line)
988
(25%Line)
844
0
(0%Line)
2018 / 5
2019 / 1
期日
6
7
8
9
10
11
12
2
3
4
5
6
7
出来高

す。

２０２０年8月時点では少し反転したものの、２５００円前後でもみ合っているため、まだどうなるかは読めません。しかし、この銘柄の人気に火が付けば、さらに上をめざすことになるでしょう。

ここで、チャートの動きから高値目標を算出してみましょう。

まずはE計算値です。２０２０年3月の最安値６２０円から当時の最高値6月の２５５０円まで、値幅は１９３０円となります。6月の最高値２５５０円に値幅１９３０円を加えると、E計算値として４４８０円が導かれます。

V計算値は、一時的な下落から上昇に転じたタイミングを見てみます。押し目の切り返しとなりますが、チャートの波動から見ると「N」になりやすい波形となっているため、N計算値かE計算値のどちらかを選択していくべきと考えられます。週足チャートから推測する中長期的株価目標としては、N計算値の３５９４円か、E計算値の４４８０円がめどとなります。

さらに細かく日足の波形で見てみると（118ページ参照）、短期、つまり目先の目標が見えてきます。E計算値で2830円を超えていくと、次のN計算値の3162円に至るまで、当面の間は上昇が続くことが予測されます。

STEP 2 目標値を大きく上回った理由を探ると？

ここまでは、2020年8月時点での判断ですが、ライトアップは2020年12月末には4010円にまで達しました。短期目標はもちろん、中長期の目標にまで達したこととなります。

その後2021年に入ってからも上がりつづけ、4月までは堅調な動きを見せており、ファンダメンタルズ分析で「下期偏重」と指摘した動きそのままに、年の前半で決算の進捗率を見てやや売られ、年の後半にかけてどんどん上昇していくといった値動きの傾向が見てとれます。

そして下期の決算が出る2021年3月末には6880円という高値をつけて、株式は分割されて株数が多くなりました。

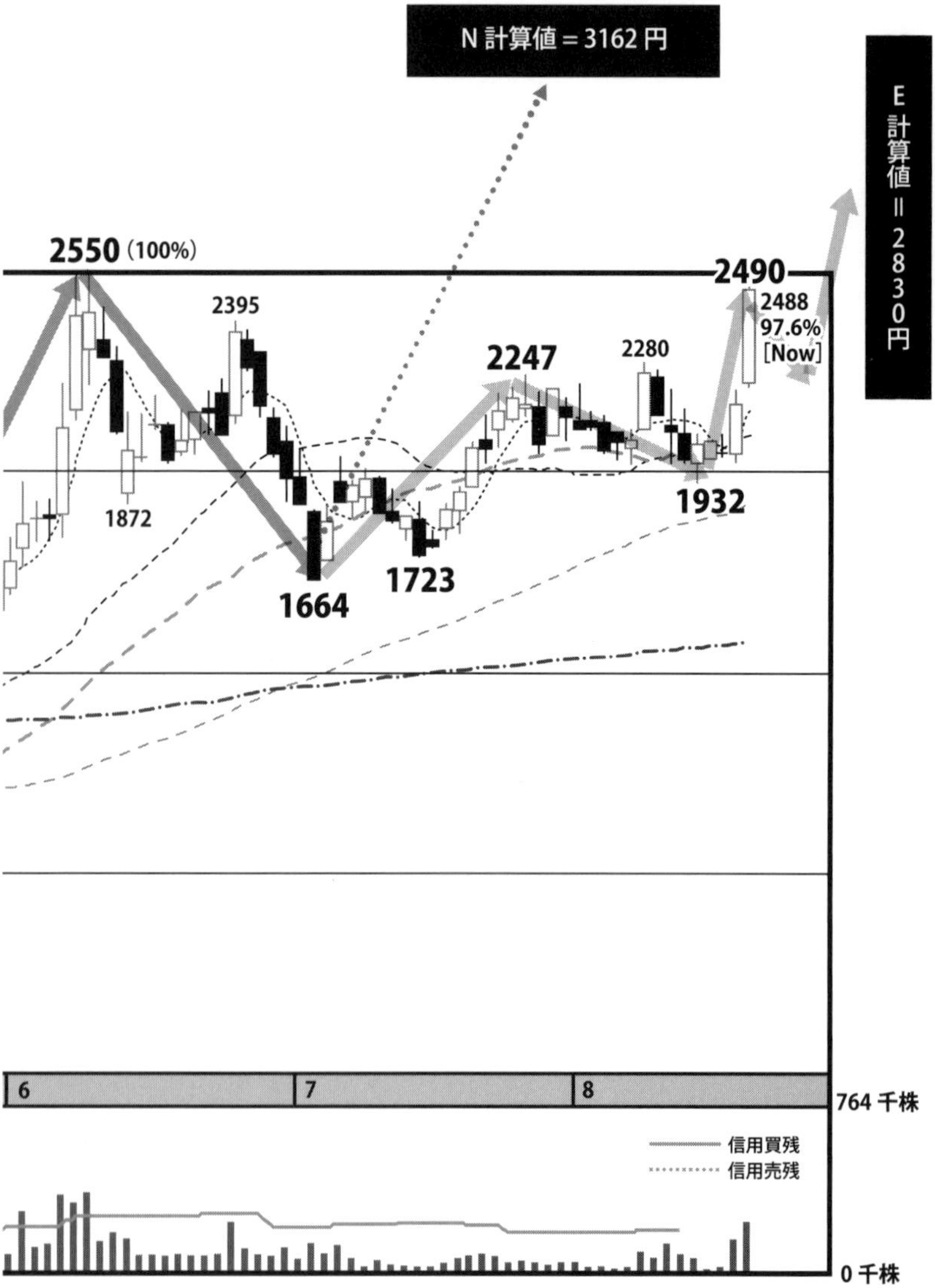
N計算値＝3162円
E計算値＝2830円
2550（100%）
2395
1872
1664
1723
2247
2280
1932
2490
2488
97.6%
[Now]
6
7
8
764 千株
信用買残
信用売残
0 千株

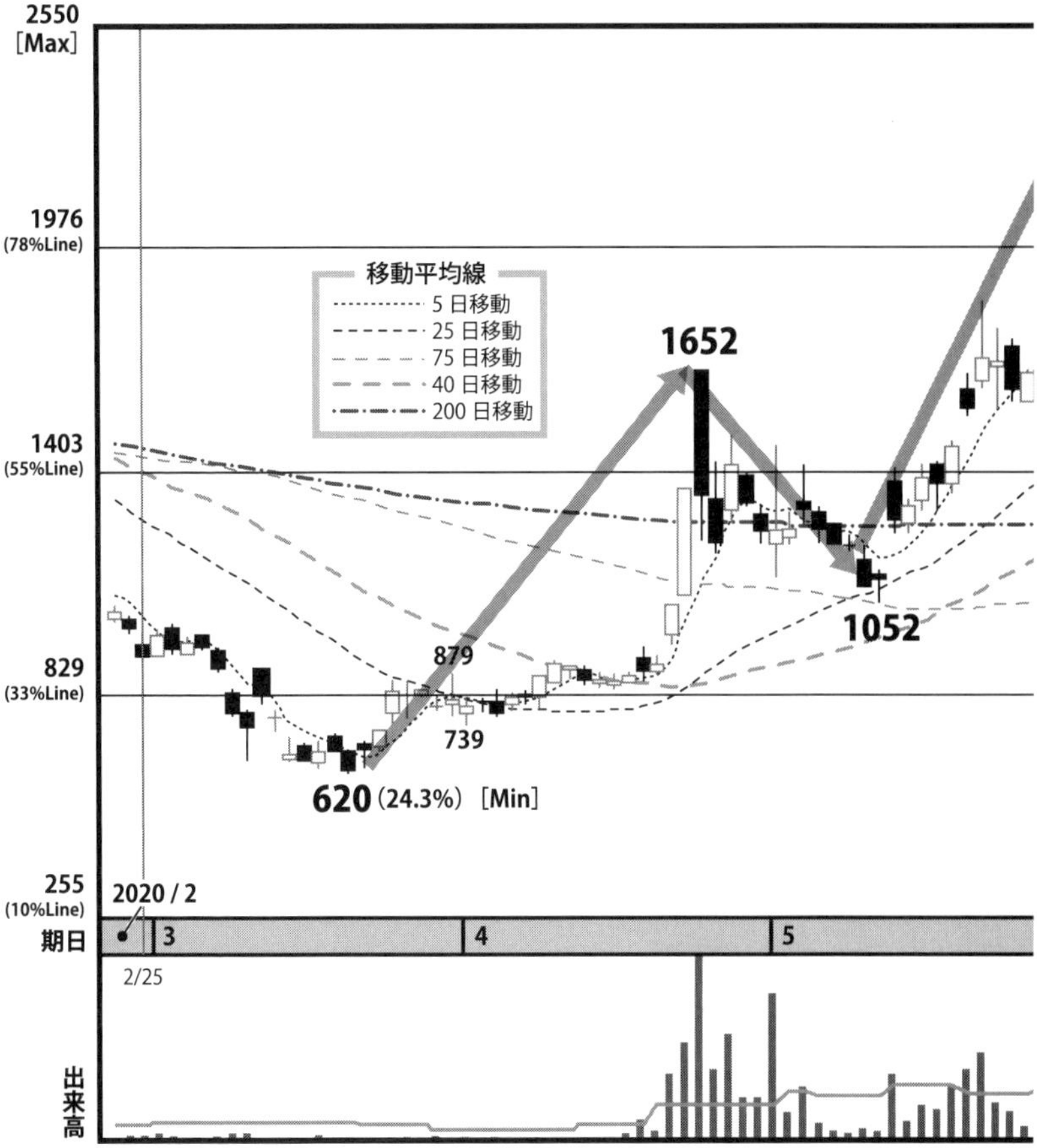

2550
[Max]
1976
(78%Line)
1403
(55%Line)
829
(33%Line)
255
(10%Line)
移動平均線
5 日移動
25 日移動
75 日移動
40 日移動
200 日移動
1652
879
739
1052
620 (24.3%) [Min]
2020 / 2
期日
3
4
5
2/25
出来高

それでは、ライトアップはなぜ目標値を大きく上回る結果になったのか。目標値を超えるには、それだけのインパクトが必要になります。2021年2月15日には、前日よりプラス350円のストップ高で大きく株価を上昇させました。これは、好決算の結果を見て投資家が大きく買いに走ったためです。

好決算の要因、株価上昇のエンジンとなったのは、2020年12月の株式会社チェンジと株式会社クレディセゾン社の資本参加でしょう。とくにチェンジは、全国1700以上の自治体からふるさと納税先を選べるサイト「ふるさとチョイス」を傘下に入れており、自治体に太いパイプをもっています。ライトアップはこのルートを使って、自社のITツールをさまざまな自治体に売り込むことが可能になったと見られ、今後もさらなる業績向上に期待できます。

STEP 3 「天井」をどのように予測するか？

チャートは山と谷を繰り返しながら波を描いていくので、その波形がNになっているかどうかで、上昇基調を判断することができます。

ライトアップの週足チャートでは、2020年3月から上昇に転じていくつものNの波形を描きながら上昇しており、2021年4月の山から、6月時点で谷を描いています（124ページ参照）。このように堅調に上げている場合、どこで利益確定すればよいか迷ってしまうことでしょう。そこで有効になるのが、「天井」という考え方です。

相場には、天井を形成するフォーメーションがあり、ローソク足の動きと値動きのフォーメーションにより、「山のてっぺん」を察知することができます。しかし、本来の天井は、相場でいうと2～3年つづき、持ちつづけているとずっと上がりつづけることも、しばしば起こります。

いちど天井から下落したとしても、時間をかけて再度その水準にまで上がることもありますが、ここでは目先の天井について解説しましょう。

ライトアップのチャートを見ると、小さな山がたくさんあって、大きな山ができていることがわかります。たとえば、左ページの図のような「ヘッド&ショルダー」、もしくは「三尊天井」といわれる動きです。この動きにおいても、ライトアップの値動きと同様に小さな山がいくつもあるなかで、一つの大きな山を形成しています。

この考え方を基本として、さらにローソク足の「包み足」や「はらみ足」が重なるかどうかで、天井のアタリをつけることができます。

「包み足」とは、1本目のローソク足の高値と安値を次のローソク足が包み込んでいる状態で、「はらみ足」とは逆に1本目のローソク足が次のローソク足を包んだ状態です。前もって計算していたE計算値、N計算値などの情報を重ね合わせてもいいでしょう。そのうえで出来高、波動、株価水準など、さまざまな要素を総合して、天井かどうかの判断を下すのです。

ヘッド&ショルダーズトップ(三尊天井)

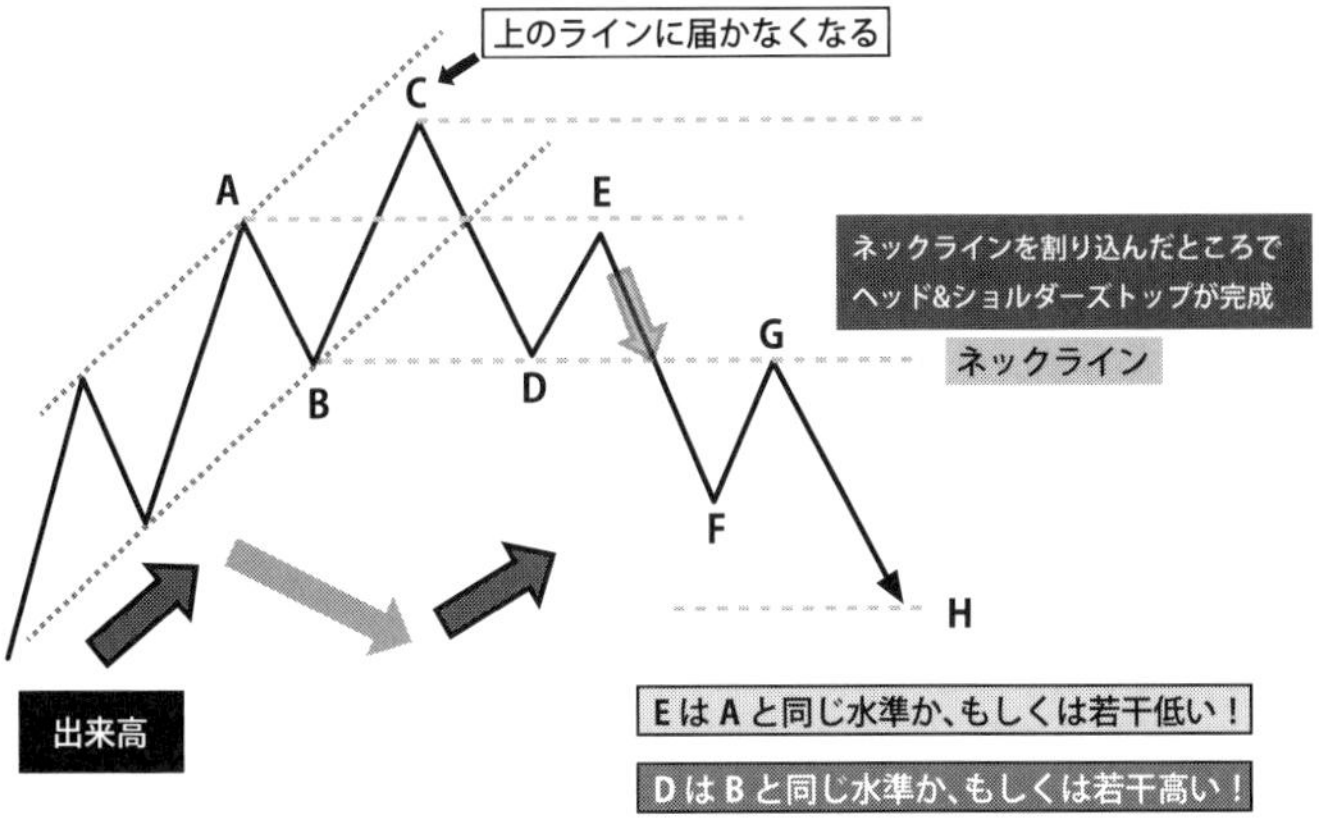

ライトアップの日足を見ると、2021年4月12日の高値をつけた陽線を翌13日の陰線で抱いており、「包み足」となっています。簡単には崩れませんが、その後ローソク足が一目均衡表の基準線を割ってきており、天井が確定してくるという値動きで、124ページのチャート上では丸囲みした部分となります。

波動として、2〜3年で考えるならまだ天井には達していないと思えますが、直近では上昇には向かないだろうからしばらく休ませたほうがいいと判断できます。

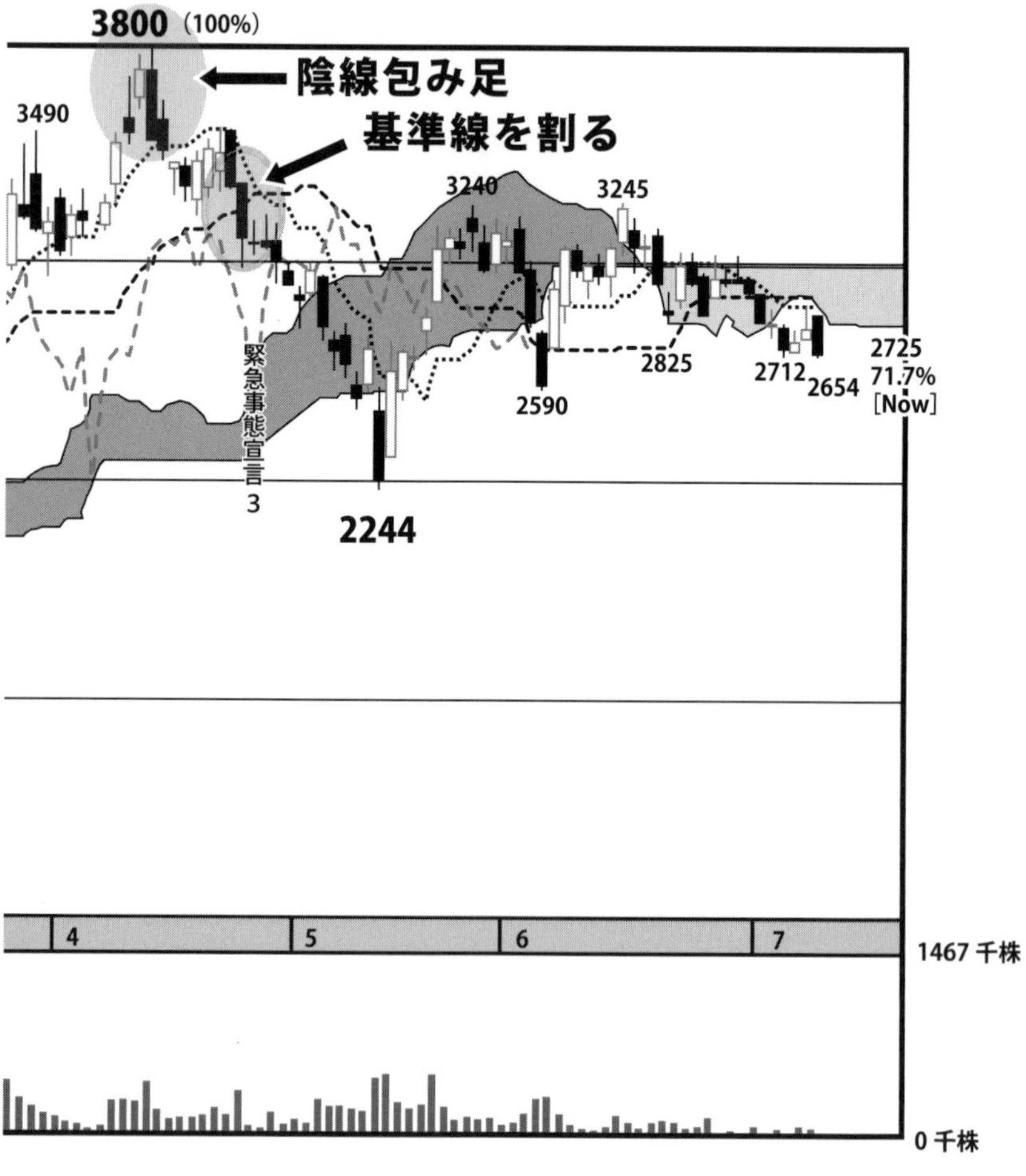

3800 （100%）
陰線包み足
基準線を割る
3490
3240
3245
緊急事態宣言
3
2244
2590
2825
2712
2654
2725
71.7%
[Now]
4
5
6
7
1467 千株
0 千株

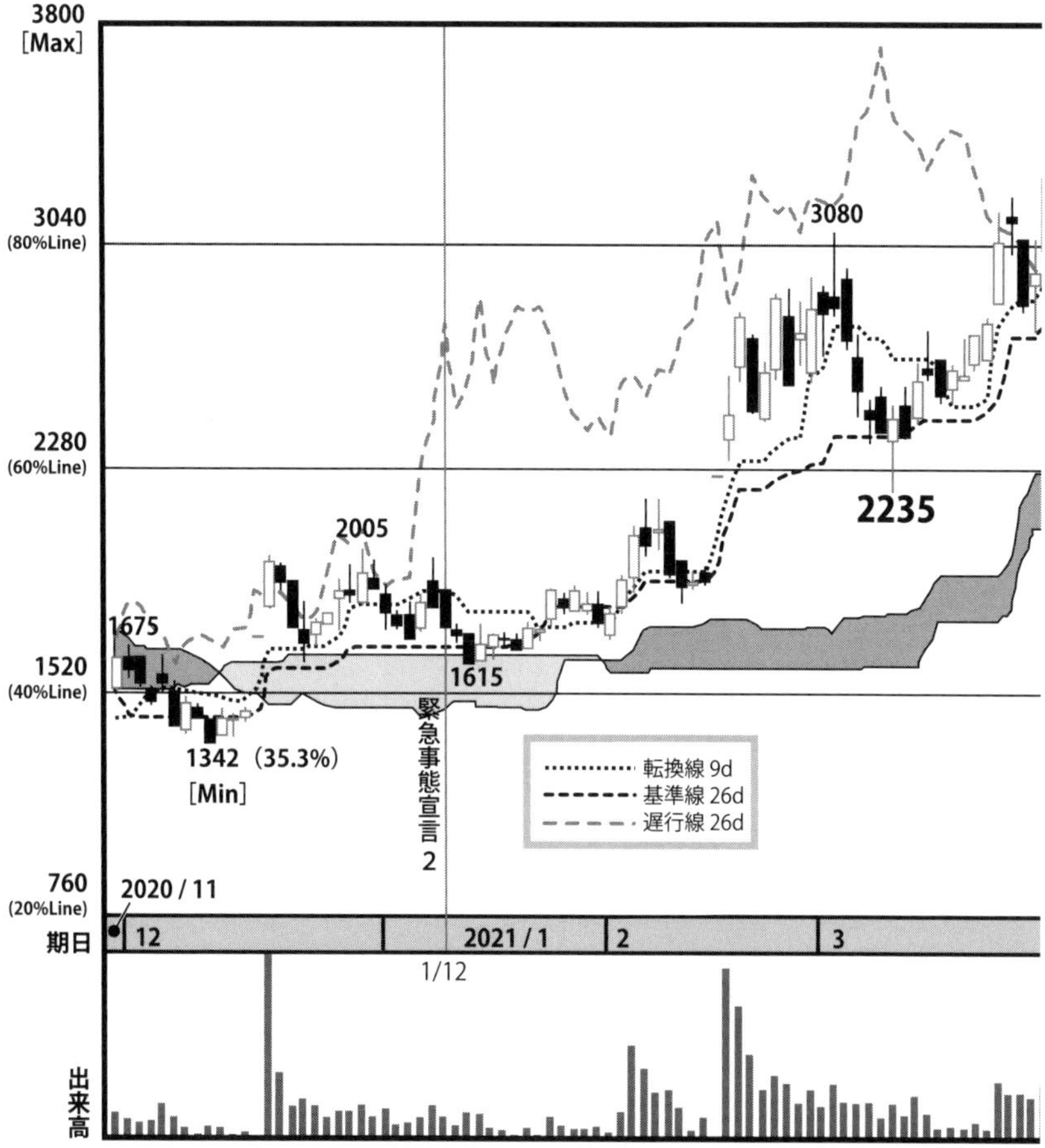
3800
[Max]
3040
(80%Line)
2280
(60%Line)
1520
(40%Line)
760
(20%Line)
期日
出来高
3080
2235
2005
1675
1615
1342（35.3%）
[Min]
緊急事態宣言2
2020 / 11
12
2021 / 1
2
3
1/12
転換線 9d
基準線 26d
遅行線 26d

STEP 4

利益確定を判断する「5つの目安」とは？

利益確定の目安としては、次の5つのルールを覚えておくと便利です。

①計算値で水準を測る
②出来高の増減を見る
③チャートの型（フォーメーション）を見る
④ローソク足を見る
⑤そのほか（サポートライン、移動平均線の割り込み）

また、週足ベースで大きな山になっているところでいちど売却しておくと、負けることが少なくなります。

なお、ライトアップのように、すでにN計算値、E計算値に達しているものは、基本的に「買い」としないことをお勧めします。なぜなら、そこから先の株価の動きは未知数の部分が多いからです。

株価が明らかに「山」に向かっていて、目標にしていた高さまで到達したら、まだ頂上は上かもしれなくとも、いちど下山しましょう。手じまいをしたうえで、想定どおりに下がってきたら次の山の高さを予測して、すなわち計算値を算出して再度投資を行えばいいのです。

もちろん株価が上昇しつづける可能性はありますが、まずは欲を抑えて利益確定することが大切です。

ここで注意していただきたいのが、「利益を確定したらおしまい」というわけではないということです。むしろその後が大切で、その銘柄には再びチャンスが訪れるかもしれません。

よい形のチャートになってきたなら、次の目標を計算値で算出し、買いの条件がそろえば再度買う。深追いしないで安全策を取りながらチャンスを待つことは、株式投資の真髄ともいえます。

まとめ

ライトアップが展開するサービスの特性上頻繁に起きる「期ズレ」に着目しましょう。株価上昇のヒントは、銘柄ごとの特徴に隠されています。同銘柄においては、助成金申請に絡んだ提携と、新たなサービスの創出が、投資家から注目される大きなポイントとなりました。株価がN計算値やE計算値を軽く超えたのは、自治体との連携が進んだことから、さらに投資家の期待度が上昇したためとみられます。まだ大天井に至らなくとも、いったんは「調整局面」と見て、静観することも大切です。

column 3

株式チャートとローソク足

株式チャートでは、ローソク足と呼ばれる棒状の図形がいくつも並んでいます。このローソク足1本ごとに値動きが表されており、ローソク足を並べていくと、相場の状態や流れが見えてくるのです。

ローソク足は、期間内の取引における「始値」「終値」「高値」「安値」の4つの値を表しています。そしてローソク足は多くの場合、赤や青、もしくは白や黒で色分けされていますが、図の長方形の部分が塗りつぶされていないほうを「陽線」(始値よりも終値が上昇して取引を終えたもの)、塗りつぶされているものを「陰線」(始値よりも終値が下降して取引を終えた)といいます。

ローソク足の始値と終値で作られた四角形は「実体」といわれ、高値、安値を表す線は「上ひげ」「下ひげ」といわれます。「実体」の大きさや「上ひげ」「下ひげ」の長さなどにより、上昇に勢いがありそう、または下落しそうといった可能性を探ることができます。実体のヒゲによる予測はセオリーともいえるものなので、株式投資に慣れてきたら、ぜひ確認してみてください。

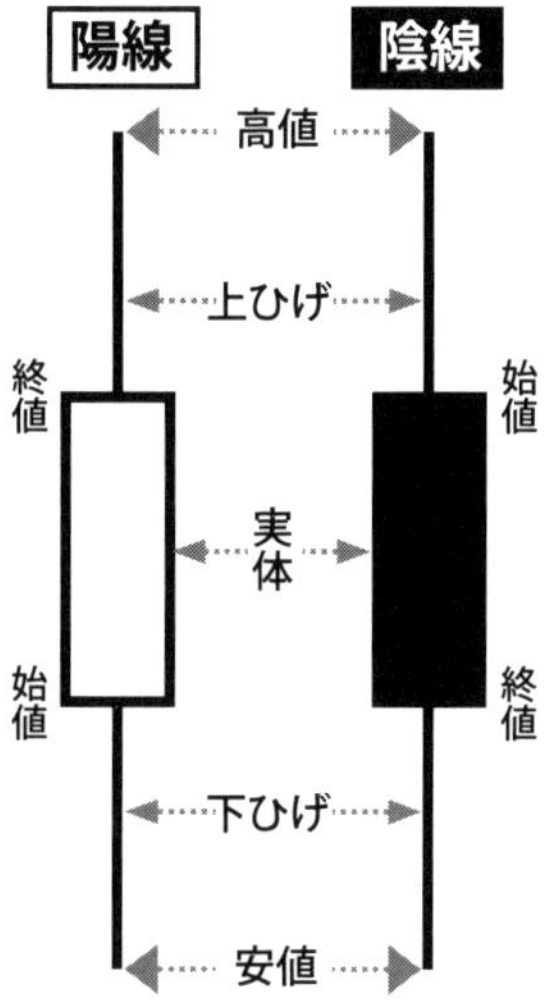

column 4

N計算値、E計算値、V計算値の求め方

株価の目標値を出すには、過去と現在の株価から値幅を計算します。第２章でも触れた「一目均衡表計算」は現時点の株価から将来の株価を調べる値幅計算の一つですが、過去の値幅から将来の値幅を予測するものに、「N計算値」「E計算値」「V計算値」があります。

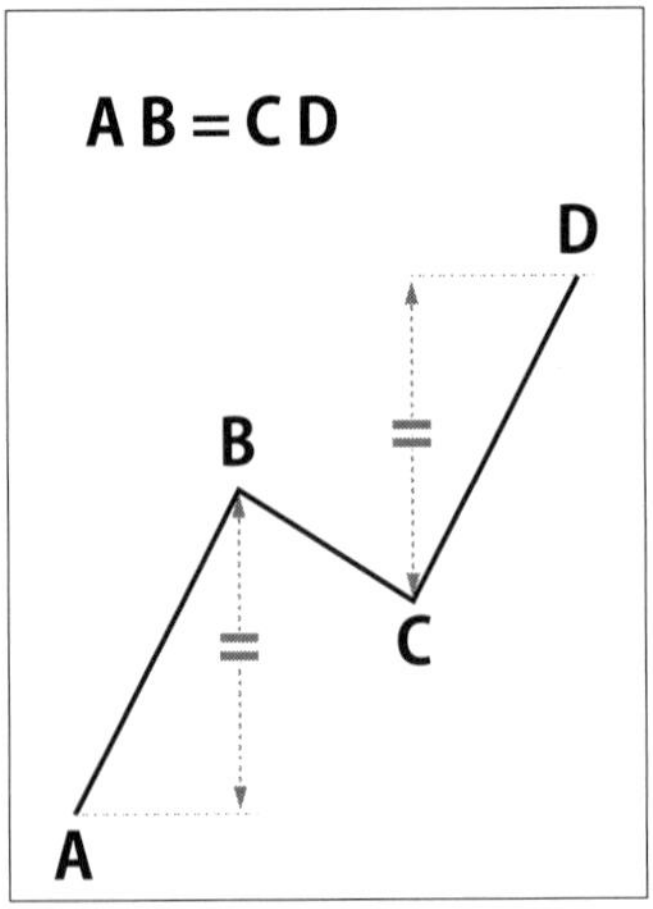

N計算値＝C＋(B－A)

N計算値

好調な株価ほど、チャートの動きは「N」の形になります。図では、A地点から株価が上昇し、B地点の高値から一度下降してC地点に達します。再度上昇へ向かったときにどこまで上昇するのか、その上昇幅をAからBと同程度の幅であると考え、Cを起点にN計算値として算出すると、Dまで上昇すると考えられます。

E計算値

N計算値を超えて株価が伸びるとき、または株価が一定の価格の範囲内で行き来するとき、その後一方向にブレイクした場合にE計算値を活用できます。図では株価がA地点から上昇し、高値B到達からC地点まで下降。C時点からBを超えたところで、どこまで上昇するのかを予測します。AからBまでの値幅と同等の値幅をBの延長線上から計算すると、E地点が導き出されます。

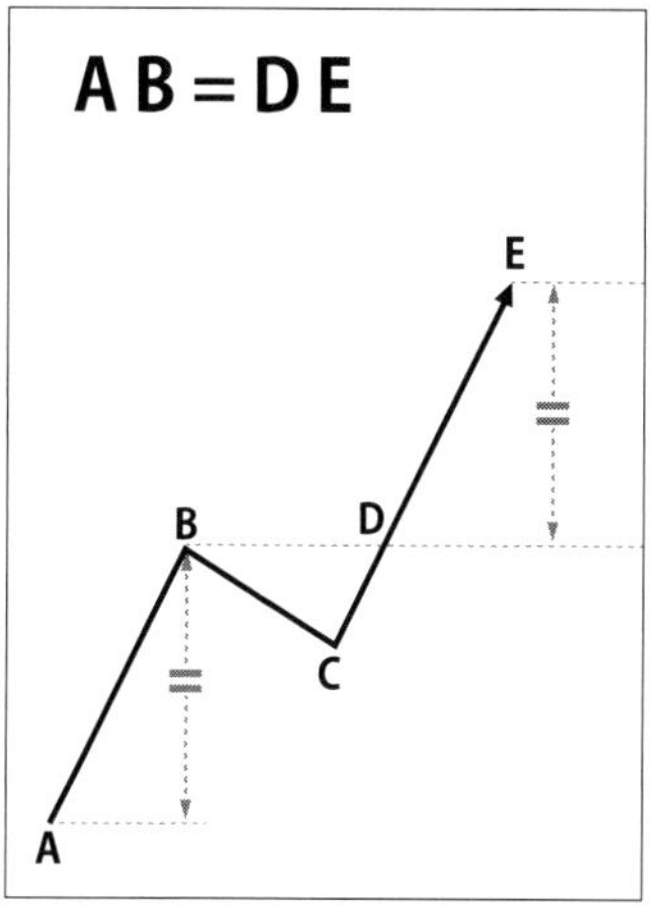

E計算値=D+(B−A)

V計算値

なんらかの要因で急激に株価が下落する場合等に使われます。直前の高値からの下げ幅の2倍を上昇幅として見るもので、いわば「倍返し」の法則となります。

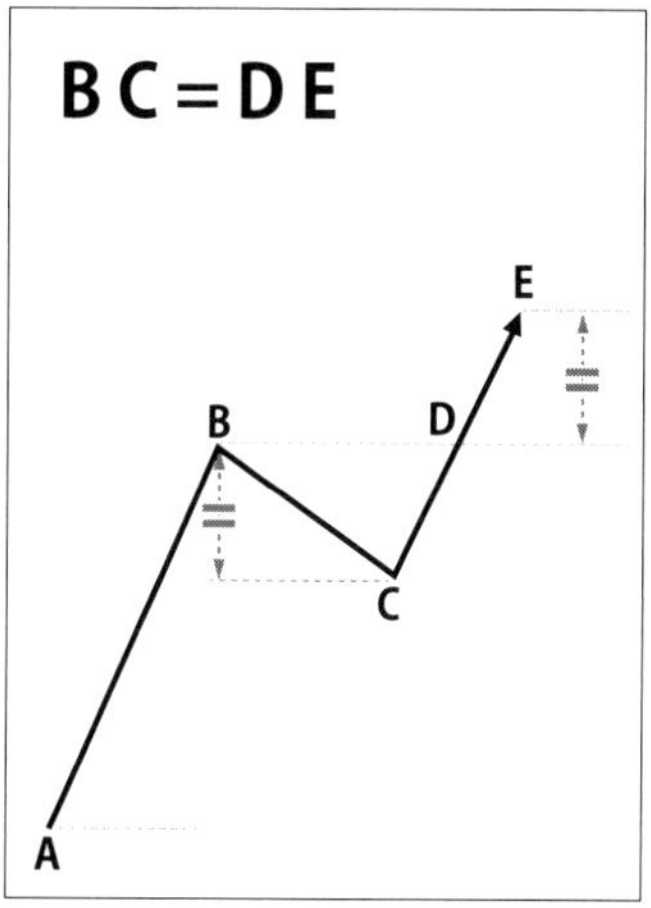

V計算値=D+(B−C)

実践編 7

決算内容と事業の将来性から「買い」として、E計算値からさらなる長期的な上昇を予測した銘柄例

【セルソース株式会社】

【基本情報】
証券コード：4880
業種：医薬品
本社所在地：東京都渋谷区渋谷1-19-5
株価：11,600円
時価総額：716億円
総資産：2,446百万円
自己資本：2,153百万円
自己資本比率：88.0%
予想配当利回り：ー

	売上高	営業利益	経常利益	純利益
2018年10月期	1212 +133.6%	295 +85.4%	294 +85.4%	193 +73.6%
2019年10月期	1611 +32.9%	326 +10.8%	303 +3.0%	199 +3.2%
2020年10月期予想	1972 +22.4%	365 +11.9%	365 +20.6%	234 +17.6%
2Q進捗率	44.9%	51.2%	51.2%	50.4%

（百万円）

再生医療とコンシューマー事業を柱とするバイオベンチャー企業です。再生医療の分野では、脂肪、血液由来の細胞の加工受託などを行っています。ひざ疾患向けの細胞加工の治療技術は、同社が持つ技術の中でも有名ですが、その一方で化粧品開発や店頭販売などの事業も展開しています。

本項では、2019年11月から2020年６月の同社の動きから、上昇基調にあってなお「さらなる上昇」を見極めるべき判断方法を解説しましょう。

ファンダメンタルズ分析

STEP 1 社会的意義の強い事業に期待大！

セルソースの医療分野での躍進には、非常に目覚ましいものがあります。近年は乳がん摘出後の乳房再建の領域に新たに参入し、２０２０年には不妊治療の手法について、順天堂大学と共同研究契約を締結しました。

再生医療の企業は、一般的に決算が赤字であることが多いのですが、同社は業績がよく、黒字で上場申請しました。２０１９年10月に上場しましたが、テクノファンダの会では、ＩＰＯ当時からよい会社であると判断していました。実際に、株価は右肩上がりに推移しています。２０２０年1月24日には、上場時の初値４０２０円から最高値となる1万４５８０円まで株価が上昇しました。その後、コロナショックの影響を受けていちどは大きく落ち込みましたが、これはあくまで一時的なものと判断することができます。

その理由は、決算発表に起因します。同社の決算は10月末で、2021年6月時点では第2クオーターまで、つまり第1クオーターの2020年11月～2021年1月と第2クオーターの2021年2月～4月までの成績が出ました。それぞれの営業利益率は、次のように算出されます。

第1クオーター単独の営業利益率（営業利益÷売上高）

180百万÷622百万＝28・9％

第2クオーター単独の営業利益率（営業利益÷売上高）

242百万÷721百万＝33・5％

第2クオーターの営業利益進捗率も55・6％まで達しており、ほぼ合格といえます。好調の要因は加工受託件数の伸びで、コロナの影響で一時は減少する場面もありましたが、脂肪由来幹細胞は453件で前年比プラス66％、血液由来も3028

件で前年の約2倍と、順調に増加しています。

ひざ疾患向けの細胞加工の治療技術は同社の最大の強みですが、特にひざ軟骨の分野に力を注いでいます。ひざ軟骨由来の痛みを訴える患者は日本国内に1千万人以上いるとも指摘されており、高齢化によってさらに増加傾向にあるため、ひざ治療の再生医療の分野で今後も業績の拡大を見込むことができるでしょう。

セルソースは同時期に、順天堂大学との不妊治療の共同研究について発表しましたが、少子化対策は国が注力し、機関投資家も注目するテーマです。テクノファンダの会では2019年10月の上場時点で着目し、その後コロナショックのために様子見としていましたが、2020年の第1クオーターと第2クオーターの決算内容を見て「買い」と判断しました。現に、菅政権による不妊治療の保険適用のニュースが報じられると、セルソースの株価も反応した動きが見られました。

有望な銘柄ですが、懸念の一つは化粧品事業です。セルソースは新規事業として自社ブランドの化粧品をドラッグストアで販売しましたが、コロナの影響で2500万円の損失を出すことになりました。とはいえコロナが収束して今後この事業が伸びてくれれば、業績のさらなる上積みも期待できるでしょう。

テクニカル分析

STEP 1 日足チャートと月足チャートから E計算値を求めると？

セルソースのチャートはNの字を描いており、E計算値に到達しやすいことが読みとれました。２０２０年３月に安値をつけて、山の高さでいえば半分ぐらい戻したところで、しばらくもみ合いが続きます。その後、同年6月16日には、直近安値の６６８０円から「大陽線」を描いて直角のような角度で上昇しています。

「大陽線」とは、ほかと比べて明らかに大きいローソク足のことです。これは売りの勢いが弱まっていること、その後も買いの勢いが続くことを表しており、この大線が現れたら注目してみましょう。

翌17日には、大きく上げた反動から株価は下落していますが、このように、相場の動きが短期的に下降したり上昇したりすることを「調整」と呼びます。

セルソースはいったん調整したものの、2020年6月18日、19日とまた同じような勢いで上昇し、1万6280円をつけました。このような場合、上昇の角度が鋭角となるため、E計算値に到達することが多くなります。

チャートの動きからV計算値とE計算値を計算すると、V計算値は2万2480円、E計算値は2万3660円となり、その水準が直近の到達目標となります。結果としては2020年10月に2万6340円をつけた後は反落していますから、読みどおりの動きを見せたといえるでしょう。

これは2020年6月20日時点の分析ですが、日足チャートを使うか週足チャートを使うかで、E計算値は変わります。

日足チャートで導けば、E計算値は1万6420円となりますが、これを目標値とすると、6月20日時点ですでに目標水準をクリアしていることになります。

その目標値に従えば、「ここからは買えない」という判断になるのですが、週足ではE計算値2万3660円となるので、さらなる上昇を目指すことができるでしょう。

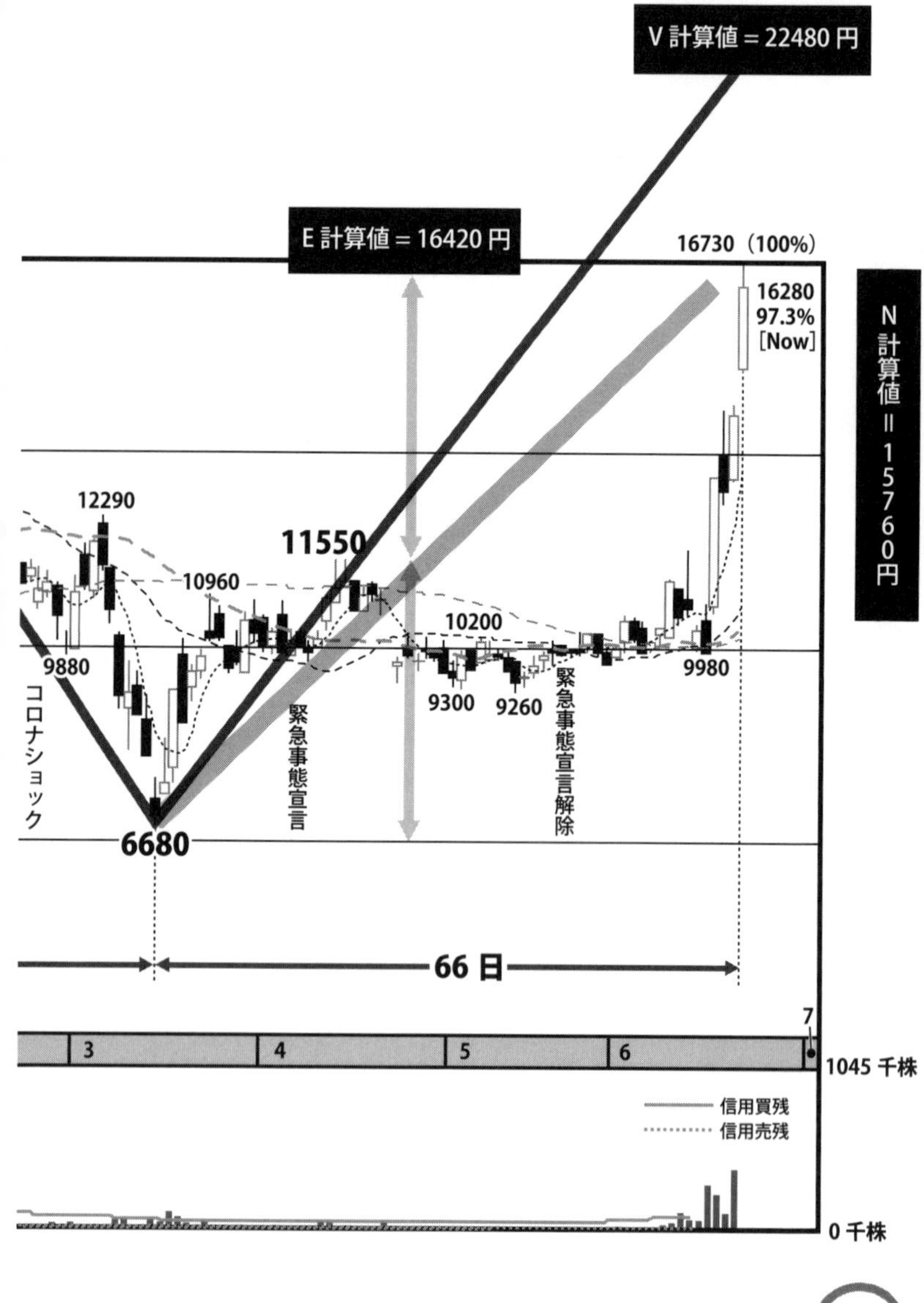

V計算値＝22480円
E計算値＝16420円
16730（100%）
16280
97.3%
［Now］
N計算値＝15760円
12290
11550
10960
10200
9880
9300
9260
9980
コロナショック
緊急事態宣言
緊急事態宣言解除
6680
66日
3
4
5
6
7
1045千株
信用買残
信用売残
0千株

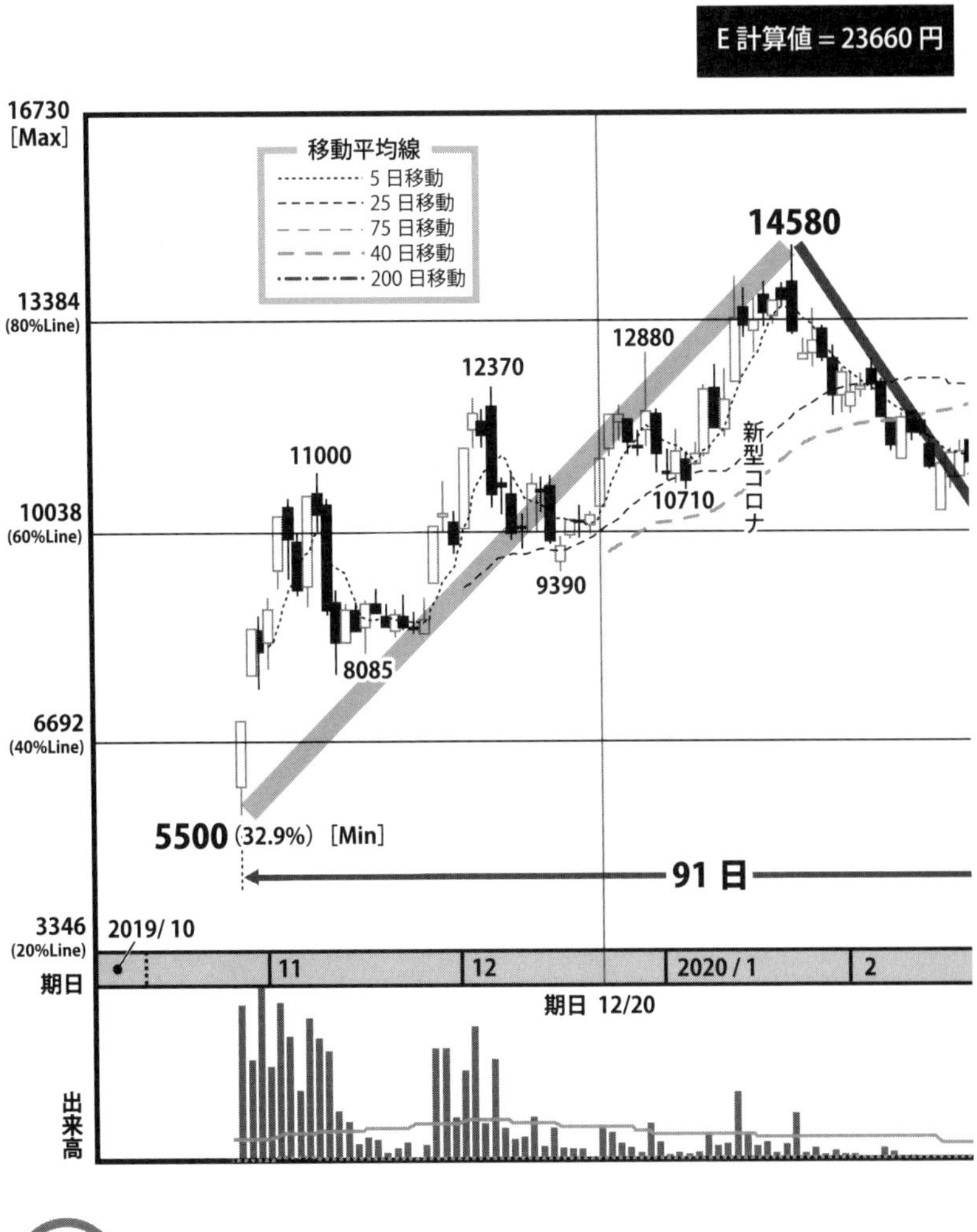

E計算値＝23660円
16730
［Max］
移動平均線
5日移動
25日移動
75日移動
40日移動
200日移動
14580
13384
(80%Line)
12880
12370
11000
新型コロナ
10710
10038
(60%Line)
9390
8085
6692
(40%Line)
5500 (32.9%) ［Min］
91日
3346
(20%Line)
2019/ 10
期日
11
12
2020 / 1
2
期日 12/20
出来高

STEP 2 ボリンジャーバンドでバンドウォークするなら積極的に買い

ファンダメンタルズ的には「買い」であっても、チャートの鋭角な角度による上げなどを見ると、ここで買っても「高値づかみ」になる恐れもあります。通常は、よほどのことがなければ飛びつき買いになってしまうため、あまり推奨できません。

ここで、「ボリンジャーバンド」というテクニカル指標に注目してみましょう。

「ボリンジャーバンド」とは、株価の振れ幅を過去のデータから導き出したもので、142ページの図のとおり「このバンド（価格帯）の中に株価は収まる」という統計データを示すものです。ちなみに、名前の由来は、この指標を開発したボリンジャー氏の名前によるもので、証券会社やTradingViewなどのサイトのチャート上で表示させることができます。

「この価格帯に収まるだろう」というのは、あくまで統計上のデータに基づいた判断ですが、統計ごとに「1σ」「2σ」「3σ」と、中央の移動平均線から3つの帯に分かれます。

帯は、過去の平均値から約68・3％のデータが入る価格帯を「±1σ」、約95・5％のデータが入る価格帯を「±2σ」、約99・7％のデータが入る価格帯を「±3σ」で表しています。株価は、この「±3σ」内にほぼ収まることになります。

このチャートのように、「＋3σ」のバンドの上辺を超えてしまっている状態は「買われすぎ」となり、到底手を出せない状態です。なお下辺に張り付いたり、それを超えたりする場合は、「売られすぎ」と判断することができます。

こうした場合には、少し様子を見て、バンドウオークするなら「買い」とすることをお勧めします。「バンドウオーク」とは、株価が2σ、3σなどのラインに沿うように推移し、一方向に強く動いている状態です。上昇・下降いずれの場合においても、エネルギーが非常に強い状態を示しています。

セルソースの場合は、直角な値動きであったこともあり、3σを超える勢いで上昇し、まさに「バンドウオーク」のような株価の推移を見せました。

「バンドウオーク」は、その銘柄が非常に強い状態にあってこの先の上昇を予見させるから、素直に上昇の動きを追って買っていくというものです。現に、セルロースはこの「バンドウオーク」に当てはまった動きを見せています。まったくの衰え

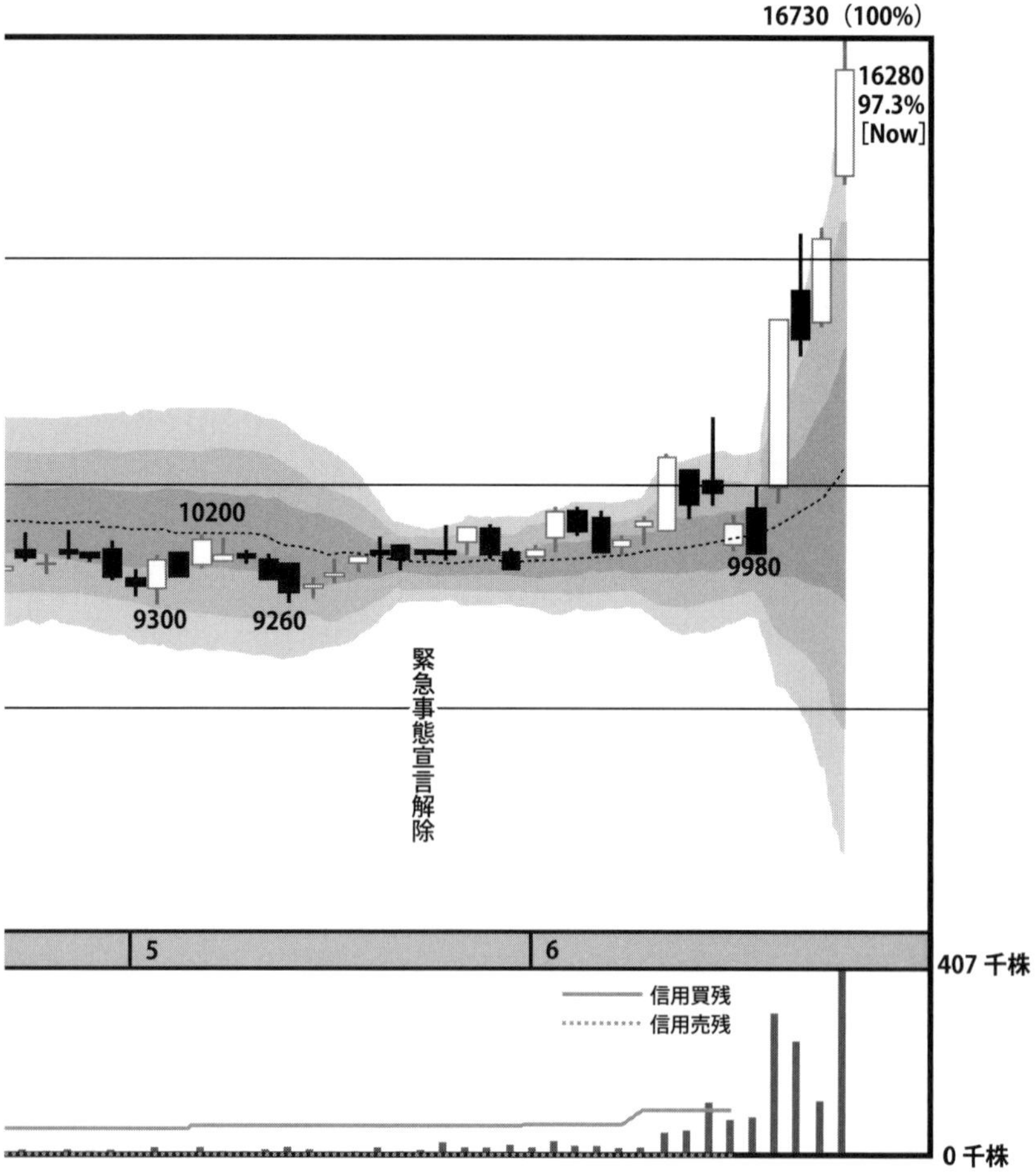
16730（100%）
16280
97.3%
[Now]
10200
9300
9260
9980
緊急事態宣言解除
5
6
407 千株
信用買残
信用売残
0 千株

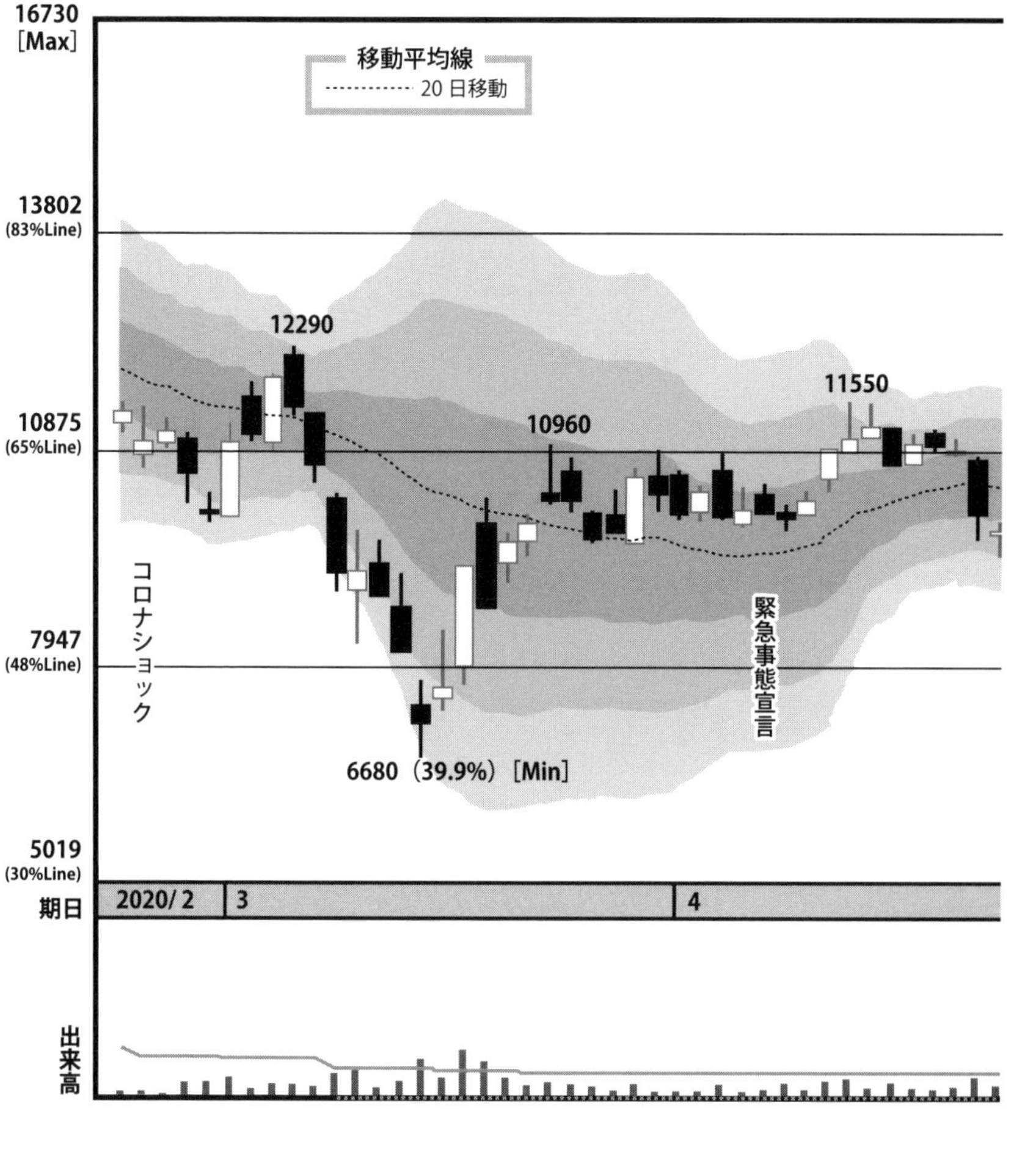
16730
[Max]
移動平均線
20 日移動
13802
(83%Line)
12290
10875
(65%Line)
10960
11550
コロナショック
7947
(48%Line)
緊急事態宣言
6680（39.9%）[Min]
5019
(30%Line)
期日
2020/2
3
4
出来高

知らずで、結果として2021年6月時点でE計算値の目標値である2万3660円を超えて上昇することになったのです。

まとめ

再生医療分野でひざ疾患や不妊治療などの領域に進出し、社会的意義が大きく大いに注目したい企業です。とくに加工受託件数の伸びが堅調で、IPO時点から株価も順調に上昇していました。すでに高値圏にあり週足のE計算値2万3660円が遠くに見えていましたが、バンドウオークによりみごと到達。自社ブランドの化粧品事業の損失も軽々と吸収し、強さをうかがわせる結果です。今後も同じような動きが見られれば、積極的に買いを入れていきたい銘柄といえるでしょう。

第4章

テクノファンダで「事故」にならない投資マインドを身につける

テクノファンダ習得は、自動車教習と同じ

私たちがテクノファンダ手法を教えるにあたって、しばしば自動車免許取得の教習になぞらえることがあります。

ファンダメンタルズ分析を「学科」に、テクニカル分析を「技術」にたとえれば、株式投資による「事故」を未然に抑え、安全に株を運用するためには、「学科」と「技術」、いずれかの技術を習得するだけでは不十分です。運転においては、学科的な知識と技術的な能力の両方を備えてこそ、初めて安全に路上を走行することができます。すなわち、投資においてはファンダメンタルズ分析とテクニカル分析のそれぞれをきちんと習得しなければ、株式市場に参戦しても、安全に投資を行うことはできません。

「経験を積むほど技術も上がる」というのも、自動車の運転と同じことです。

いくら投資手法を学んでテクニックを突き詰めたとしても、実際の市場においては、それだけではカバーできない部分があります。ファンダメンタルズ分析で選んだ銘柄を買い、実際の相場の動きをテクニカル分析で予想し、売買する。この経験を重ねることで、「事故」のリスクは自然と低下するでしょう。

自動車の運転には、絶対にやってはいけない操作があります。

たとえば、土砂降りの高速道路を時速80キロで走行しているときに急ブレーキをかければ、タイヤは路面をグリップできずに水の膜の上をスリップし、車はコントロールを失って、大事故を起こしてしまいます。ほかにも、初心者が突然F1レースなみのレーシングカーを運転することも危険ですし、道路標識の意味も知らずに路上を走行するというのもまた然りです。

いずれも大事故を引き起こす行動であり、致命的なケガを負って後遺症に苦しむことになるかもしれません。

株式投資にも、同じような「危険運転」――すなわち「タブー」がたくさん存在します。第1章で述べた、「SNSなどの不確かな情報を妄信して銘柄を買う」というのはその最たる例の一つといえるでしょう。どんな事業を展開する会社か調べもせず、現在の株価が高値水準なのか安値水準なのかもわからない状態で銘柄を買うことは、大事故を自ら招いているようなものです。

投資の世界で大事故を起こすということは、大切な資産を失うことにつながります。それによって、のちのちの人生設計が大きく狂うかもしれません。自分の確固たる判断基準を持たずに株式市場に参加すれば、常にそのような危険な状況に立たされてしまうのだということを認識し、投資を行うために自分に必要な知識がどれだけ備わっているか、あらためて振り返っていただきたいと思います。

株式投資で着実に自分の資産を増やしていくためには、まず、テクノファンダ手法を学んで、株式投資を実践するための知識を網羅してください。そして「やってはいけないこと」を十分に理解して、「事故」のリスクをできるかぎり下げること。それと同時に、投資経験を積んでいくことが必要不可欠です。

信用取引は安易に手を出してはいけない！

証券会社が取引方法の一つとして提供している信用取引も、「危険運転」の一つです。一般的な株式投資は「現物取引」と呼ばれ、100万円を投資すれば、どんなに大損したとしても、最大損失額は100万円です。つまり投下した資金がなくなるだけですが、信用取引においては、手元に100万円の現金があれば、証券会社はそれを担保におよそ3倍の額まで株の取引をさせてくれます。

これは手持ちの資金に乏しい投資家にはうれしいシステムかもしれませんが、もしも信用取引で買った株が暴落し、各銀行が定める一定の口座維持率（委託保証金維持率）を下回ると「追加保証金」、いわゆる「追証《おいしょう》」として追加で委託保証金を入れなければなりません。

「口座維持率（委託保証金維持率）」とは、「建玉《たてぎょく》（信用で持っている株）」を維持するために最低でも必要となる保証金の割合です。一般的には、口座維持率25％を下回ると追証が発生しますが、期限までに追証を入れなければ反対決済が自動的に行われます。

152ページの図は、元本150万円を担保に450万円分の信用取引をしていた場合のしくみです。最低委託保証金率は30％以上と法令で定められているので、必要な委託保証金は次のように算出されます。

450万円（信用取引金額）×30％（最低委託保証金率）＝135万円（最低委託保証金）

つまり、元本150万円が口座維持率25％を割り込む事態、つまり信用取引で45万円以上の含み損を抱えると追証が発生し、委託保証金額が損益分だけ減ってしまいます。当初の最低委託保証金は135万円でしたが、45万円の評価損益が出ると、元本150万円－評価損益45万円＝105万円が最低委託保証金となってしまう点に注意が必要です。この場合、最低委託保証金が135万円であれば元本150万円は保証金額をクリアしていましたが、105万円が最低保証金額の場合は150万円に満たないので、追証が発生してしまいます。

「この株はこれから上がる見込みがある」「きっと暴落は一時的なもの」などの願望から追証を支払い、反対決済を免れたとしても、トレンドというのはいきなり転換するものではありません。残念ながら、翌日そのまた翌日と追証が発生することもあり、結果、損失を膨らませて泣く泣く損切するケースが非常に多いのです。

かつて、信用口座は、現物投資の経験が3か月以上なければ開設することができませんでした。証券会社は信用口座開設の希望者の投資スキルを確認してから開設を許可していたのですが、現在では、現物口座を開設したばかりでも信用取引をすることができます。最近では「元手が少ないなら信用口座を開設すれば、元手以上の取引ができる！」と、初心者を信用取引に誘い込むような宣伝文句もよく見られます。しかし信用口座での売買は、まずは現物取引で投資経験を積み、スキルを堅実に磨いてから行うべきだといえるでしょう。

元本150万円を担保に450万円分の信用取引をしていた場合

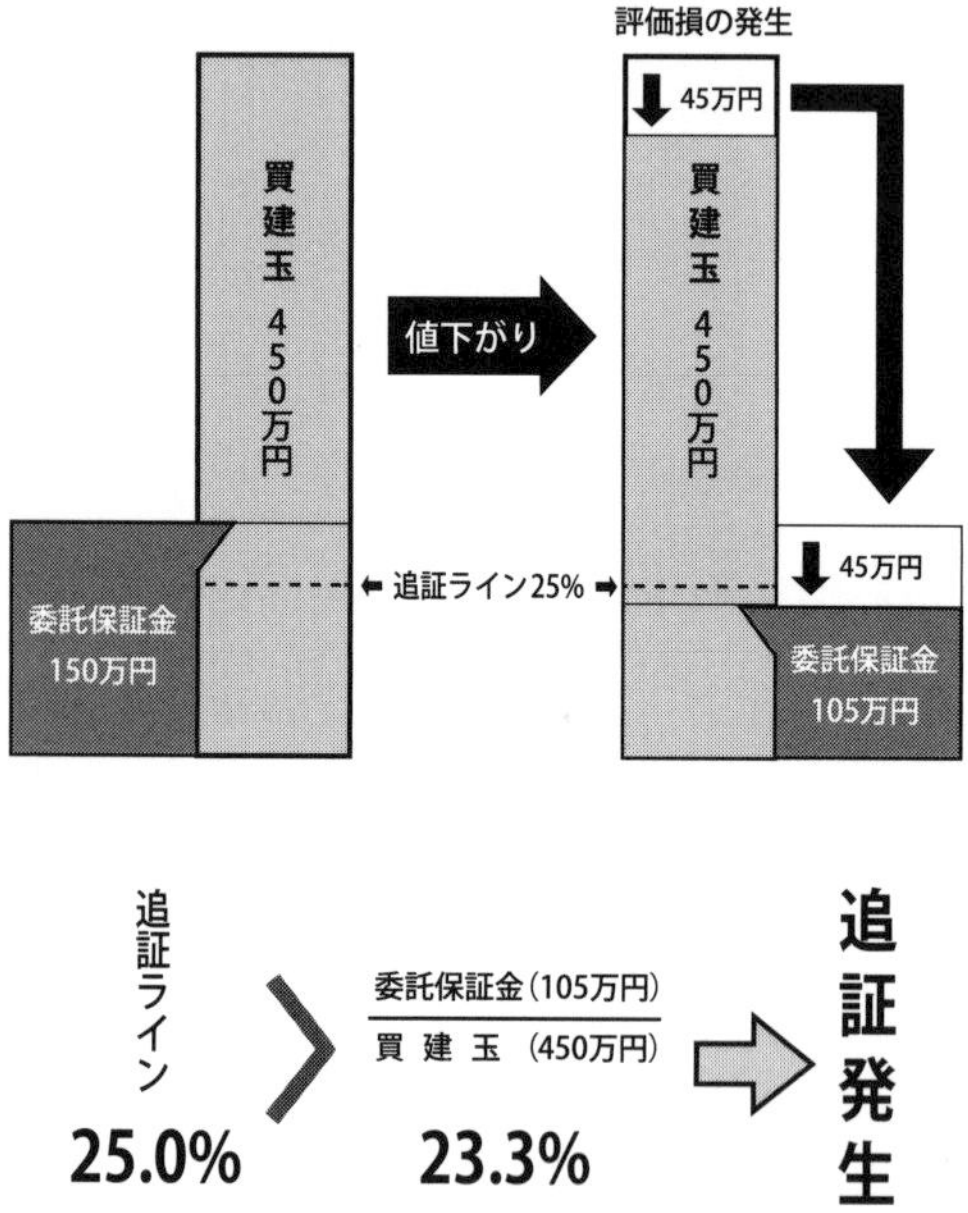

信用取引スタート時には、信用で持っていた株の評価額が450万円で、委託保証金が150万円です。この場合、委託保証金率は次のように算出されます。
最低委託保証金：150万円÷450万円×100＝約33.3%

もしも株が45万円値下がりすると、値下がり分が委託保証金から差し引かれ、この場合の最低委託保証金の評価額は次のようになります。
最低委託保証金：150万円－45万円＝105万円
口座維持率　　：105万円÷450万円×100＝約23.3%

このときの維持率約23.3%は、多くの金融機関が定める口座維持率である25%を下回るため、追証が発生してしまいます。

「目標値」に到達するためにあらゆる手段を駆使しよう

株式投資において、「買い時」「売り時」は時間とともに常に変化します。いちどファンダメンタルズやテクニカルでよい判断ができたからといって、その株をずっと持っていては、いずれ沈んでしまうこともあるでしょう。

長く株式を保有していると、企業が設定する目論見やゴールの変更といったような、「描いていたシナリオが変わる瞬間」が必ず訪れます。たとえば、国の法整備の変更は、企業の業績に影響を与える大きな一因となります。株式投資は、長期にわたって同じ方針が通用するとは限らないのです。

ほかにも、ファンダメンタルズ的には「買い」であっても、テクニカル的に見れば「目標到達までにまだまだ時間がかかりそう」というように、判断に迷うこともあるでしょう。そうしたときには、いちど株を手じまいする、すなわち決済するという選択肢も有効です。

不動産投資や保険商品だったら、そうかんたんに売ったり解約したりできませんが、「すぐに決済できる」というのは株式投資ならではのメリットです。

株式投資における目標到達までの道のりは、いわば電車の旅で、「株を手放す」というのは、目標駅に向かう途中で一時的に途中下車するようなものです。途中駅で降りて休憩や寄り道をしても、タイミングを見てまた電車に乗ってめざす駅に到着できれば、なんの問題もありません。

状況によっては、目標値到達までのプランを変更するという選択肢もありえます。先のたとえでいえば、めざす駅に向かうルートは、決して一つではありません。ほかの路線を使ったほうが早いかもしれないし、そもそも電車ではなく、新幹線を使ってもいいでしょう。

あるいは「当初めざしたかった駅」を変更する、つまり株価の目標値自体を変更してもいいのです。保有する銘柄をとりまく情勢を見て、「目標値を下げたほうがいいかもしれない」と判断したなら、その時点で目標値を再設定し、その地点に到達するためのベストなルートを考えるのです。

株価というのは一種の生きものですから、予測不能な事態が起こるリスクを常に内包しています。だからこそ、投資家それぞれの臨機応変な対応が、リターンを得るための重要なカギとなるのです。

投資初心者の方であれば、ベストな判断を下すのは、なかなか難しいことかもしれません。しかし、たとえある銘柄で失敗したとしても、「失敗した理由」をテクノファンダの観点から冷静に分析することで、その経験を次の投資に生かすことができます。

投資で着実にリターンを得るためには、テクノファンダを実践して運用経験をたくさん積むこと。それによって、あらゆるリスクに対処する術を育むことができるのです。

コロナ禍のパニック市場で「買い」銘柄を探すポイント

コロナショックによる混乱状況がだんだんと収束傾向に向かうなかで、景気回復への期待が大きく高まりつつあります。株式投資市場は再び過熱するかもしれません。

株式投資をすでに始めている人も、これから始めようという人も、すでに多くの人がしかるべき「買い場」を探し始めています。

2020年は、ほとんどの業種においてコロナの影響が色濃く表れ、多くの企業で収益が上がらず、コスト削減が行われました。人員整理や設備削減、実店舗の閉店、在庫の処分などによって、固定費を削ろうと躍起になったようですが、なかには、売り上げ自体が減少しているにもかかわらず、固定費が削られた結果、相対的に利益率が上昇した会社もあります。そこを早合点して、「コロナ禍でも利益率がよかったから買おう」と判断する初心者投資家もいたようですが、これは大きな誤りです。

コスト削減を徹底した企業ほど、来期以降は「削れる部分」がなくなります。もしも来期以降も業績が上がらなければ、利益率も下がることは明らかですが、こうした企業は思った以上に多くなるように感じています。

それでは、アフターコロナに向かいつつある今、具体的にはどのように「買い」の銘柄を探せばよいのでしょうか。

たとえば、コロナによる不況を乗り切るために、100人の人員を削減した企業があったとしましょう。その企業がコロナショックを乗り切り、アフターコロナの好景気を迎えたとしても、かつて削減したほどの人員をすぐに雇い戻せるとはかぎりません。なんとしてでも人材を確保するために、人件費を上げるという選択をせざるをえないでしょう。つまり、コロナ前よりも人件費が増し、利益率を圧迫する可能性が大いにあるのです。

すでにアメリカでは、労働者の時給がコロナ前より上がりつつあります。Ａｍａｚｏｎでは、コロナによる需要拡大で雇用を大幅に増加し、パートタイムの労働者に時給17ドルを支払っていますが、これはアメリカの最低賃金の2倍以上の額です。日本においてもワクチン接種率が上がり、景気回復の局面を迎えれば、必然的に人手が不足し始めるでしょう。人手不足が企業の業績に及ぼす影響は非常に大きく、いくら好景気を迎えたとしても人手が足りていない状態では、コロナ前の業績まで回復できるか非常に厳しい状態です。

こうした側面は、ファンダメンタルズ的視点から、経済全体の流れを俯瞰的に把握し、マクロな視点を持ったうえで、個別の企業の動きを見ていく必要があるでしょう。コロナ禍に経費削減を徹底した会社ほど、要注意だといえるかもしれません。

逆に「買い」の候補になるのは、コロナの影響が業績にそこまで影響しなかった企業です。「追い風」でも「向かい風」でもなく「無風状態」で、コロナ前・コロナ下・コロナ後と、変わらぬ伸び率で増益を示している企業、具体的には5～8%の増益を続けている企業がねらい目です。

なかには、コロナ後の決算で急激に伸びている企業もあり、投資家としては期待が高まるかもしれませんが、この種の企業は少し待ったほうがいいかもしれません。2020年と2021年の業績が不振であればあるほど、少しの回復でも「急激な伸び」として数字に表れてくるからです。

ニュースでは、伸び率の上昇が大きく取り上げられ、経験の少ない個人投資家は、その伸び率だけを見て株を買ってしまうことが多いようです。しかし、2019年以前の数字と比較すると、その驚異的な伸び率が「まやかし」であることに気づくことができるかもしれません。

「長期」という期間を具体的にどう設定すべきか

投資経験を少し積んだ初心者がやりがちなのが、「早すぎる利益確定」です。たとえば、自分が買ったころより1万～2万円プラスになったからと早々に手じまいしてしまう人は多く、「損をしていないからいいだろう」と思うかもしれませんが、これは株価の目標値を定めていないことの証しです。残念ながら、投資家としては不合格といえるでしょう。

株式投資では、ファンダメンタルズ分析、テクニカル分析のいずれにおいても、長期的な視点で見ることがとにかく大切です。

「投資の神様」といわれるアメリカの有名な投資家ウォーレン・バフェット氏は、

「Our favorite holding period is forever.（私たちの好む「保有期間」は、永遠である）」という言葉を残しています。バフェット氏は90歳を超えてなお投資家として活躍し、資産は約960億ドル（約10・6兆円）で世界長者番付の第6位にランクインしています。ちなみに、日本人のトップはソフトバンクの孫正義会長で、資産は約444億ドルとされていますから、バフェット氏はその倍以上もの資産を持っているわけです。

バフェット氏がここまで資産を増やすに至った彼の投資戦略の一つが「長期投資」であり、「Only buy something that you'd be perfectly happy to hold if the market shut down for 10 years.（今後10年間市場が閉鎖しても喜んで持ち続けられる企業だけを買いなさい）」という言葉も残しています。

「長期」をどのくらいと考えるかは人それぞれ異なりますが、バフェット氏のこの言葉は、一つの目安となるかもしれません。

投資期間の設定方法は、投資家の年齢によっても変わります。65歳で定年を迎えた方に「30年後のリターンを期待しましょう」といっても、あまり現実的ではありません。投資家の年齢に合わせて、ＮＩＳＡやｉＤｅＣｏ、または投資信託など、さまざまな選択肢を考える必要があります。

30歳なら「これから20年間」、50歳なら「定年までの15年間」など、自分の状況をふまえて投資期間を設定し、目標値を実現するために最も無理のない方法を選ぶことが重要です。

投資に使える時間というのは、人によって大きな差がありますが、テクノファンダにおいては、基本的には長い期間での株価上昇に期待して目標株価を予測し、そこに向かってどのように進んでいくのかを探ります。

つまり、「数日先」や「1か月後」といった目先の利益にとらわれず、将来的なリターンという目標を常に念頭に置き、目標株価を予測することが必要なのです。

長期的な株価予測を立てていなければ、少しの利益を得た時点で、思わず決済したくなるものです。

めざす株価を定めていない状態で投資を続けていると、投資期間をやたらと長く感じ、株価が少し上昇を見せたら、利益を確定してしまうかもしれません。

しかし、そのような感覚的な判断に頼った投資では、結果として大きなリターンを逃しているかもしれないのです。

逆もまた然りで、株価がすこしでもマイナスになると、その銘柄を手放したくなってしまうでしょう。

しかし、目標値をしっかり定めていて、その値に設定した理由が根拠のあるものであれば、そのプロセスで株価がいかに上下しようと、「いつかはあの駅に着くことができる！」という確固たる安心感をもって投資を続けることができるのです。

株価予測に過度の期待は禁物！

株価に対して、過度な期待は絶対に禁物です。

第3章でオークファンという会社をご紹介しましたが、オークファンは期ごとによい決算を出しているので、現在でも多くの個人投資家の方々が、「次は大丈夫！」「今度は株価が反応して上昇するはず！」という予想をもって株を持ちつづけています。

ところが実際には、その期待が大きく剥がれ落ちつつあります。決算書の数字がよいからといって成長の可能性が大きいわけではないということは、すでに本書をお読みいただいた皆さんであれば、わかっていただけるかと思います。

ここで、100メートル走で10秒を切りそうなランナーを想像してみてください。ランナーの成績がよければよいほど、「彼なら次こそ10秒を切ってくれるはず！」と、周囲の期待もどんどん高まります。そして、実際にタイムが10秒を切れば高く評価されますが、「次は9秒98！」「次は9秒97！」と、記録の伸びをどんどん求められることになるでしょう。

しかし、周囲の期待がどれだけ高まっても、ランナーの能力には限界があります。たとえそれまでに周囲の予想や期待を上回る結果を残したとしても、ランナーの身体能力を超えた記録を達成することはできません。つまり、周囲の期待がいかに高くても、そのランナーがどのように成長してどんな結果を残すかは、ランナー自身の本質的な能力にかかっているのですから、その期待どおりの成績を残せるわけではないのです。

企業の業績についても、まったく同じことがいえます。継続的によい成績を出していても、成長可能性の高い銘柄とは限りません。

投資家は、自分の保有する株をむやみに過信するあまりに、銘柄のよい面ばかり追ってしまうことがありますが、過度の期待は、「予測」ではなく「願望」にすぎず、冷静な分析力を欠くことにつながります。そうした過信は、やがて手痛い損失を生み出すことになるでしょう。

多くの投資家が抱きがちな「過度の期待」は、株価チャートにもはっきりと表れます。

たとえば、業績も決算もよく、すばらしい成績で株価を上げてきた銘柄の株価がいちど下がったとしましょう。これまで一本調子で上げてきた株ですので、「よい株が買いやすいところまで下がった！」という心理が働き、多くの投資家が「買い」の判断を下すことになります。

このように、上昇基調のときに下がるタイミングで買いを入れることを「押し目買い」と呼びますが、実は投資家由来のこの動きが、チャートに如実に表れるのです。

一度目の「下げ」であれば、この押し目買いの効果により、すぐに株価を戻してきます。しかし、投資家の期待を超えられなければ、株価は下がりつづけることになります。

投資家は、自分が買った価格が、予想を下回り始めると、迷いが生まれます。「よい決算なのに、下がるのはおかしい……」という不安から、売ることも買うこともせず、ただただ傍観するだけになります。

市場に参加する多くの投資家がこうした心理状態に陥るため、結局全員が様子見となってしまい、出来高が激減することになります。

出来高のないままじりじりと下がりつづけると、保有する投資家の「不安」は、徐々に「恐怖」となります。

「このままどこまで下がりつづけるのだろうか」

「投資額の10分の1だけでも残しておきたい」

——個人投資家がそんな恐怖に駆られて突如として株を手放し始め、株価が下がり切ったところで買いに動きだすのが、機関投資家なのです。

投資家の「迷い」や「期待」は株価チャートに表れる

ここで「投資家心理」がよく表れている具体的なチャートを見てみましょう。

170ページのチャートは、JTOWERという企業の株価推移です。2020年9月半ばから株価が伸び始め、2021年1月の終わりにピークを迎えました。上のチャートは1年間、下のチャートは6か月間のものですが、同年2月17日前後に一度反発して上昇、つまり押し目買いをねらった動きになっていることがわかります。

ところが、それ以降も出来高は増えることなく下がりつづけ、2021年5月上旬には大きな投げが出て、さらに続落しています。2021年6月下旬を見ると、株価が上がり始める前の水準にまで落ち込んでおり、いまだに復活の兆しが見えないという状況です。

この場合、株価の「底」をいかに見極めるかが非常に重要です。

「天井」と「底」を見つけるのは、テクニカル分析の得意とする部分で、あらゆる株価には明らかな「底」の気配、つまり「これ以上は下がらずに上昇に向かう局面」があります。２０２１年６月時点のＪＴＯＷＥＲの株価には、残念ながらその兆しはまだ見えてきません。

株価の動きには「上がる」「横ばい」「下がる」の３つしかありません。たとえ上昇するとしても、ちゃんと成長して右肩上がりになるものなのか、その判断を下すための方法が、テクニカル分析なのです。

テクニカル分析には、「移動平均線」に「一目均衡表」、「トレンド分析」に「オシレーター分析」と、じつにさまざまな手法があります。それぞれの手法については本書では詳しく触れませんが、株価が上り坂なのか、平坦な道なのか、下り坂なのか、局面ごとに使う手法が変わります。

「買い」のサインを示す有名なテクニカル指標に「ゴールデンクロス」があります。

JTOWERの株価推移

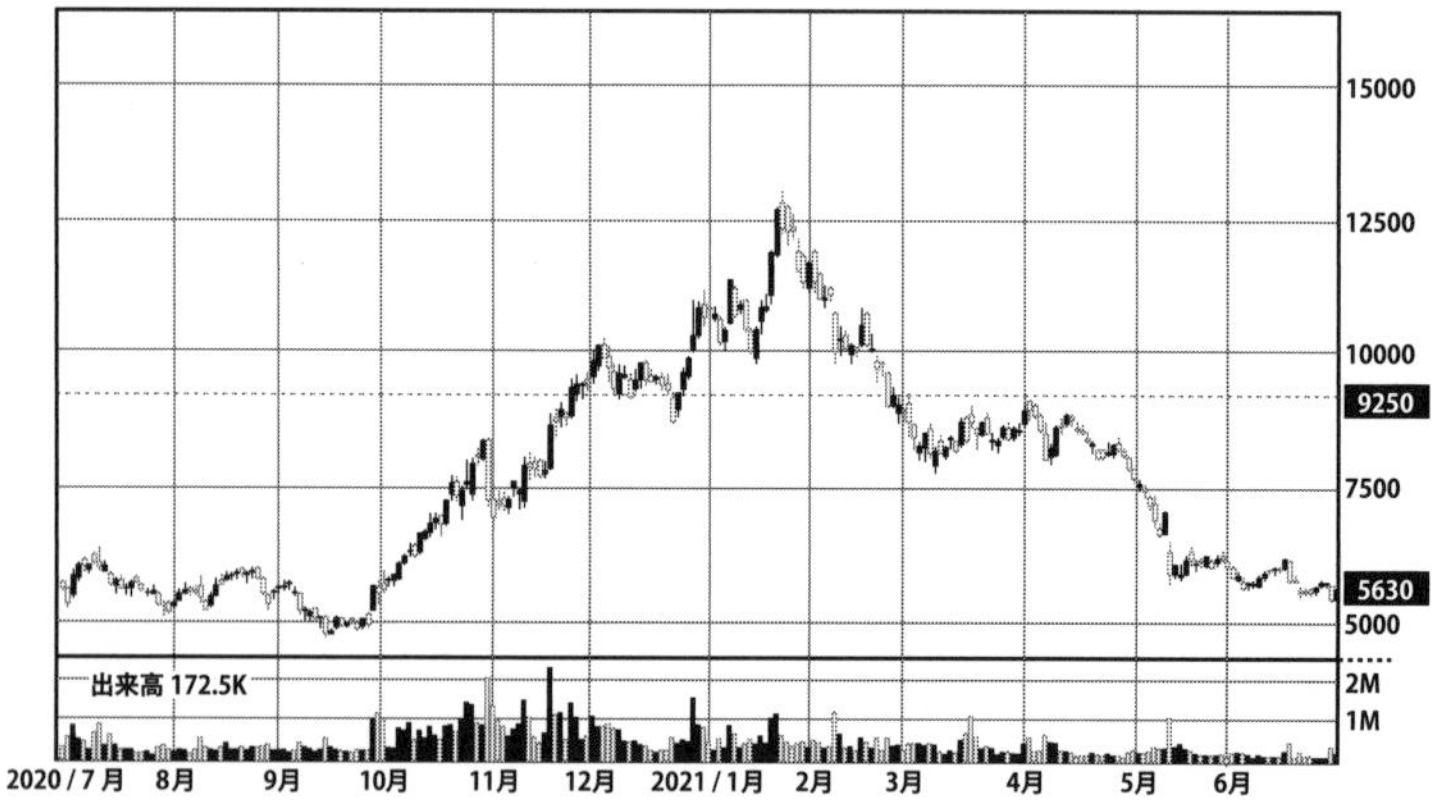

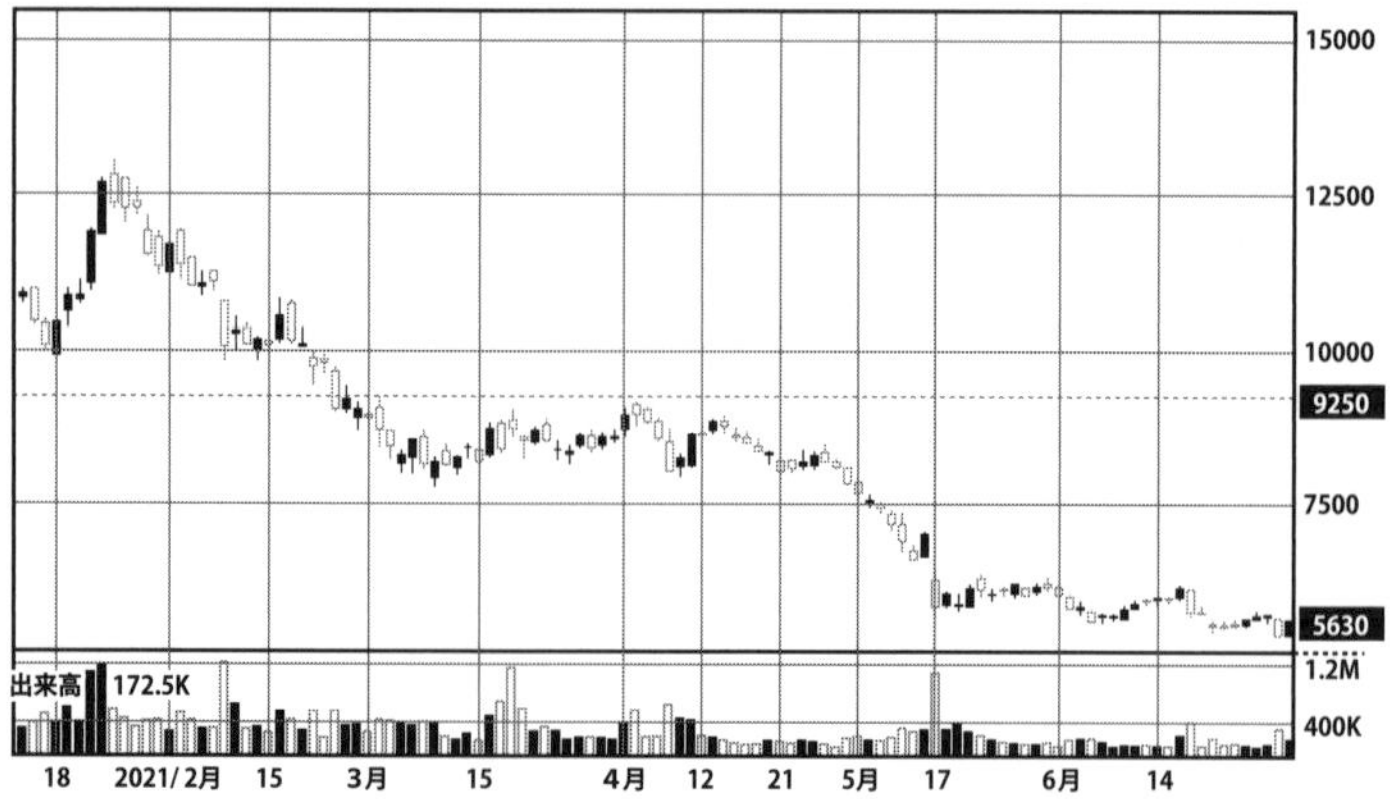

長期の移動平均線を短期の移動平均線が突き抜けて交差するタイミングのことで、「これが現れると買い！」と覚えている方は多いのですが、ゴールデンクロスが発生してからテクニカルを当てはめても、ほとんど意味を成しません。上り坂に差し掛かる手前、下り坂が来る手前にテクニカル分析を行い、天井と底を事前に予測することが重要です。

株価や出来高に少しでも変化を見つけたなら、テクニカルで次の動きを予測してみましょう。なかでも、130ページのコラムで紹介している「N計算値」「E計算値」「V計算値」というテクニカルの計算方法は、第3章の銘柄解説にも使っていますが、わかりやすく使いやすい指標となるはずです。

株式市場は決して平等ではない

ネット証券の台頭によって、いまや誰でも気軽に株式市場に参加できるようになりました。ファンダメンタルズ分析に必要な情報も、インターネットを使えば簡単に入手可能ですし、テクニカル分析についても、複数の分析手法を証券会社が用意してくれているので、いつでもすぐに扱うことができます。

株式市場は、一般の投資家でも外国人投資家でも機関投資家でも、誰もが同じ市場で同じ銘柄を、提示された価格で売買します。一見すると平等性が非常に高い市場であり、これが個人投資家を増大させる要因の一つとなっていますが、その内情を知れば、個人投資家には非常に不利な市場であることがわかります。

たとえば、企業の新たな取り組みといった情報は、ファンダメンタルズ分析に欠かせない材料ですが、情報の影響力が大きいものは、まず証券会社の法人部に伝わります。それから機関投資家に伝わり、証券会社のアナリストはこれらの情報からレポートを作成します。

証券会社のアナリストが、ある企業の新たな取り組みであるSDGs関連のレポートを作成したとしましょう。このレポートが完成したら、証券会社内部の調査部などで共有されます。

「●●証券の▲▲アナリストがSDGsの銘柄について記したレポート」は、証券会社経由で機関投資家や大口顧客の手に渡り、株価になんらかの動きを生じさせます。

この企業がSDGs関連でどのような動きを見せるのか、一般投資家がそれを知るのは、企業のホームページに掲載されたあとのことです。

さらに、アナリストによってレポートが書かれたことを知るのは、証券会社のホームページに掲載されてから。

つまり、証券会社や機関投資家に大きく後れを取った個人投資家がその株を買いに走っても、株価の上昇幅はごくわずかです。それどころか高値を買わされただけで、証券会社や機関投資家がすでに利益を確定させた可能性さえあるのです。

企業発信の情報に関しても、同じことがいえます。

企業主催のＩＲセミナーは、個人投資家向けにも行われますが、それに先んじて、機関投資家や証券会社のアナリストなどに向けた説明会が実施されます。そのおよそ2週間後に個人投資家向けのセミナーが行われるというのが一般的です。

この場合も、先に情報を入手するのは機関投資家やアナリストなどのプロフェッショナルであり、彼らが最もうまみの大きい部分を享受しているのです。

いわば、一般の個人投資家は、そうしたプロの投資家に食いものにされているような状態にあるといえるでしょう。

column 5

もし予想が外れたら……。重要なのは「育てる」視点

テクノファンダにおいて、まずはファンダメンタルズ分析で「この銘柄は将来出世するだろう」という予測を行います。これはひとりの子どもの将来を予測するようなもので、銘柄探しの段階では、まだ5歳ぐらいの幼児の将来を思い描くイメージです。さらに、その子がいつ、どこまで出世するのかを、テクニカル分析で予測します。「めきめきと成長している子だから、40歳ぐらいで大臣、50歳ぐらいで総理大臣にスピード出世するだろう」という具合です。

しかし、期待した銘柄がスキャンダルや事業の失敗により思いどおりの値動きにならないケースもあります。「40歳で大臣はだめだった」となれば、この時点では失敗となりますが、だからといって完全に見限る必要はありません。なんらかの事情で少々出世が遅れることがあっても、腰を落ち着けて、その後の決算やIRなどをしつこく追いつづけることが重要です。すると「40歳時の失敗を超えて60歳でついに入閣、70歳で総理大臣に」という新たな将来の成長が見えてくるのです。

その時点でなぜ失敗したかを振り返り、反省すると同時に次のチャンスに期待しましょう。テクノファンダで、5年後、10年後などの長期的視点で反転の兆しを分析し、新たに投資していく。それが投資で成功する秘訣の一つです。もともと成長の期待が大きい銘柄を買っていたのですから、次のチャンスを待つという「育てる」視点も大事なのです。

初心者投資家こそ、自分なりの「武器」を持とう

株式投資は決して平等な世界ではありませんが、それでも個人投資家の方々がプロフェッショナルを相手に利益を得るためには、なんらかの「武器」を身につけなくてはなりません。とくに初心者の方であれば、ますます武器の必要性は大きいといえます。

しかし、ここで気をつけていただきたいことが、なにもそうしたプロフェッショナルの向こうを張って戦いに挑む必要はないということです。

投資経験や実績が少ないのであれば、自分の無理のない範囲で、自分の持つ武器が通用するところで戦い、自分なりの勝利を勝ち取ればいいのです。

個人投資家というのは、すでにスタートラインからして、プロフェッショナルに

大きく後れを取っています。不利な立場にいる個人投資家が、株式銘柄をろくに分析せず、リターンにばかり目を向けていると、短期的なハイリスク・ハイリターンねらいの投資となり、失敗することは明らかです。

自分が背負ってもいいリスクを見極め、ある程度の長期目線で銘柄を分析することが、資産を増やすための近道なのです。

なかには「もしかして、あまり出回っていない有益な裏情報があるのでは?」と考え、「近道」を探すあまりに、高額な投資スクールやセミナーにたどり着く人もいるかもしれません。しかし、そのように一見近道に見えるルートは、行き止まりであることが非常に多いのです。

残念ながら、個人投資家を顧客とする証券会社主催のセミナーですら、信頼できないという実情があります。

実際に証券会社のなかには、投資歴2~3年で億の資産を築いた投資家を、「投資の先生」「カリスマ投資家」としてセミナーの講師に招くところもあります。株の世界には「先生」と呼ばれる人がたくさんいますが、第1章で述べたように、投資の講師を名乗るには、教員免許も免許皆伝も必要ありません。極端な話、投資歴が1か月でも、「先生」を自称することができるのです。

そのような「自称先生」をセミナーに招く証券会社にとっては、「億を稼いだ!」という実績が偶然によるものだったとしても、さほど大きな問題ではありません。なぜなら、そのような「自称カリスマ投資家」を広告塔にしてお客さんを集め、自社で口座を開設してもらい、取引してもらうことが最大の目的だからです。証券会社としては、新規顧客をいかに増やすかが最優先事項ですから、集客力さえあれば、その講師の経歴や信頼性はさほど重要ではないのでしょう。

もちろん、すべての講師の身元が怪しいわけではなく、「自分は不確かな情報に流されることなく、しっかり決算書を見て好業績の銘柄を探し、買いを判断している」という講師の方もいます。たしかに、企業の業績の良し悪しは決算書上から簡単にわかりますが、それだけでは万全とはいえません。

決算書上の業績は、それはあくまで過去の成績にすぎません。来期も好業績を出せるかは不明であり、現実問題としてほとんどの場合は期待値を上回らないのです。まれに、期待値を超えた好決算を毎年出し、10％ずつ成長しているような企業もありますが、そういった企業にはめったに出会えるものではありません。

決算書を読むこと自体は非常に大切なことですが、本書をお読みいただいた皆さんには、もう一歩踏み込んで、決算書上だけでは見えないもの、「決算の数字」の背景にあるものを推理していただき、売買のシグナルを嗅ぎとっていただきたいと思います。

ふだん目にするニュースは、投資材料の宝庫

個人投資家は、情報の鮮度では企業や証券会社のパイプに勝てないとはいえ、投資の情報を入手する方法にはさまざまなルートがあります。

その有益な材料の一つが、毎日目にするニュースです。

例として、ソニーの話をしましょう。

ソニーといえば超大手の電機メーカーであり、投資家からは「電子部品製造に強い」「半導体分野は、ニーズが多いが競合が多くて微妙」と見られていましたが、近年ではエンタメ部門が急成長していることは注目すべきポイントです。

同社は映画や音楽に強く、そしてグループ会社には映画『鬼滅の刃』で世界的に

大変な興行収益を上げたアニプレックスを抱えています。

半導体分野だけで見れば、「以前は優等生だった半導体事業が、最近はパッとしない」という理由で、「もうソニーを買うのはやめよう」と見限る動きも散見されますが、エンタメ分野の成長を知れば、電子部門の不振を十分にカバーできているので、「買い」の判断を下すべき銘柄だとわかるでしょう。


映画『鬼滅の刃』は、公開前のテレビアニメ化から爆発的にヒットし、一時期は単行本も手に入らないほど人気を博しました。アニメのエンドロールのクレジットに「アニプレックス」の名前はありますが、「ソニー」という社名は出てこないので、この作品をソニーと結びつけられなかった人も多いでしょう。

しかし、2020年10月に8000円前後だったソニーの株価は、同年10月に映画『鬼滅の刃』が公開されて以降一気に上昇し、一時は1万2000円台にまで達しています。2021年6月末では1万1000円前後で推移しています。

もしもソニーが今後この分野に舵を切り、たとえば配信会社に変貌を遂げたら、その決断は実を結ぶかもしれません。すなわち、ソニーの株価のピークはまだ先に訪れる可能性は、大いにあるのです。

このように、テレビやインターネットをなにげなく見ているなかでふと目を引いたニュースのトピックを深掘りしてみると、思いもしなかった好銘柄に出会えるかもしれません。


株式銘柄の推移は、子どもの成長と似た側面があります。

たとえば、中学まで一所懸命に勉強して、成績優秀だった子どもが、高校に入ったらバンド活動に目覚め、成績が下がってしまったということもあるでしょう。ところが、音楽面で意外な才能を発揮する可能性もあるのが、子どもの成長のおもしろいところです。

まさにソニーは、このような「意外な才能」に溢れていたタイプといえます。同社は今後、サブスクリプションを軸にしたエンターテインメントに特化して、よい意味で予想を裏切る成長を見せてくれるかもしれません。


あらゆる企業は、先行投資を行っているものです。将来性を見越して特定の事業に資本を投じても、その成果がどうなるのかはわかりません。投資の結果、失敗することもあります。ほかにも、M&Aを行って異業種に挑戦したけれど、残念ながら実を結ばなかったというケースもあります。

しかし、ソニーのように成功する例は、ニュースのどこかで必ず話題となって現れるものです。映画『鬼滅の刃』の爆発的なヒットは、日本中の誰もが知るニュースになりましたが、ここにも株式投資のチャンスがあったのです。

株式投資のヒントは、日常の至るところに隠れているのです。

失敗したら検証して、「次の知見」を得よう

最後に、株式投資とは「勝ち」「負け」にこだわるものではないということを、あらためて読者の皆さんに知っていただきたいと思います。

「勝敗にこだわる」ということは、すなわち「勝率を求める」ということです。たとえば、９回中９回勝ったならば、勝率は１００％ですが、この「９回の勝利」には、「最初からプラスで推移！」という大勝ちもあれば、ずっとマイナスで一時期は50万円の含み損を抱えたものの、最終的になんとか1万円のプラスになったという辛勝もあるでしょう。

つまり、９回の投資で１００％の勝率をあげていても、10回目の投資で「勝ち」

にこだわるあまり、売りの判断を誤って9回分の投資利益のほとんどが吹っ飛ぶということは、十分にありえることなのです。利益がゼロというのはまだいいほうで、それどころかマイナスになるというリスクももちろんあるでしょう。

投資の世界では、「個人投資家のうち半分以上が負け、トントンの成績を残す人が30％、そこそこ儲かる投資家が10％くらい」といわれます。「勝ち組」に入れるのは、「そこそこ儲かる投資家」のなかでも半分、つまり全体の5％ほどにすぎません。

株式投資では、負ける人が多ければ多いほど、勝った人の得る利益が大きくなります。ひと握りの「勝ち組」に入りたいのであれば、「お宝株探し」や「なんとなくの銘柄選び」をすぐにやめて、投資の正しい知識や手法を身につけることが最短ルートとなるでしょう。

テクノファンダという「武器」を身につけ、正しいアプローチを行って経験を積むことで、初心者の投資家でも勝つ確率が必ず上がります。

株式投資では、どんなプロフェッショナルでも必ず失敗することがあります。失敗する局面において、いかに損失のリスクを小さくできるか。それをいち早く判断して、行動につなげられるのが、一人前の投資家といえるでしょう。

失敗という局面では「損切り」、すなわち損失を抱えた状態でも保有する株を売ってしまうという判断が求められます。

損失を生むとわかっていながら売らなければならないというのは、まるで身を切られるような苦しい気持ちになるでしょう。「あのまま保有していたら、いずれ株価が上がっていたかも……」と後悔するかもしれませんが、逆にもしもそのまま保有していたら、もっと大きな損失を生み出していたかもしれません。

ここで皆さんに覚えておいていただきたいのは、「損切り」というのは、利益をとるのと同じくらい、価値があることだということです。

「損切り」は、投資における重要なリスク管理の一つといえます。

損切りをしたあとは「マイナスのままで株を持ちつづけて含み損に耐えていた場合」を検証することで、次の知見に生かすこともできます。テクノファンダは、その検証にも活用することができる便利なツールとなるでしょう。

投資が失敗したとしても、自分なりの「選んだ理由」「売買の理由」があれば、予測とどのように違っていたのかを分析することができます。

こうして蓄積される投資の経験値は、必ずあなたの「武器」となって役に立ちます。

株式投資という市場に丸腰で臨むのではなく、自分で武器を備えてそれを磨き、その数を増やすことで、「失敗しない投資手法」を、だんだん習得することができるでしょう。

だからこそ、テクノファンダという手法は、あなたが株式投資で長くリターンを得るための、強い武器となるのです。

おわりに

私たちは「テクノファンダの会」を主宰していますが、始まりは証券会社出身のふたり、テクニカル派の山本とファンダメンタルズ派の千葉が出会ったことでした。2005年ころに山本がテクニカル分析の講座をメールマガジンで配信したことをきっかけに出会い、千葉がファンダメンタルズ分析について担当するということになり、テクノファンダの原型が生まれます。そして2019年に「テクノファンダの会」を設立し、たくさんの方々にテクノファンダの手法と投資マインドをお話ししてきました。当初は毎月対面型で行っていたセミナーは、コロナショックが起こってからはオンライン型へと切り替わりましたが、ありがたいことに参加者の数は増えつづけています。今でこそ「テクノファンダ」という手法が注目されるようになりましたが、私たちは、その元祖は自分たちであると自負しています。

テクノファンダの会では、投資家が自らの力で銘柄の選び方と売買のタイミングを判断できるよう、必要な知識と判断力を身につけてもらうことをめざしています。

初心者向けではありますが、その道のプロといわれる投資顧問会社や証券会社の社員からも高い評価をいただいていることを、非常にうれしく思っています。

私たちのセミナーでは、特別なことを教えているわけではありません。本書でお伝えしたテクノファンダの考え方に基づいて、銘柄の動きを解説するだけです。「投資セミナー」というのは世の中に星の数ほどありますが、ほかのセミナーではどんな内容を教えているのか、試しに受講したことがあります。1回3万円というなかなか高額なセミナーでしたが、その内容は基本的な売買の方法といったもので、3万円という金額に見合うとは残念ながら思えませんでした。

テクノファンダの会には、「ほかの投資塾に入っていたけど、結果が出ない」という理由で参加される方も少なからずいます。そうした方はすでにいくつかの銘柄を保有していますが、たいていが含み損であることが多く、正直なところ、なぜこの銘柄を買ったのか非常に疑わしいものもあり、その理由を聞いてみると、「講師に薦められたから」という理由が非常に多い。この危険な投資手法に泣く方をすこしでも減らしたい、投資を始めた方、これから始める方に、市場で戦うためのちゃんとした「武器」を備えてほしい――そんな思いで本書の執筆を決意したのです。

私たちのセミナーでは、本書で紹介しきれなかった最新の実例なども紹介していますので、興味があればぜひご参加いただければと思います。

丸腰状態の投資初心者は、自分が丸腰であることにすら気づいていないものです。「ネットで有益な情報を仕入れた！」「セミナーで有望株を教えてもらった！」と、自分の装備を過信していますが、その装備はいわば「裸の王様」状態。さまざまな武器を備えたプロの投資家たちに勝てるはずはありません。

スタートラインに立つには、それなりの装備が必要です。株式投資においては、「テクノファンダ手法」こそが、初心者がまず備えるべき装備であり、この手法によって事故を起こす確率を、ぐんと下げることができるのです。そしてテクノファンダによる銘柄分析を一つ一つ積み上げていくことで、株式投資の経験値が上がっていくでしょう。

近年のブームである「テンバガー探し」については、すでに本文でその危険性をお話ししましたが、読者の皆さまは、「テンバガー探し」が不要であることは、十分にご理解いただけたかと思います。テクノファンダによって「長くリターンを得る銘柄を見つけ、目標値に達成させる力」を得れば、なにも「10倍になる銘柄」にこだわる必要はないのです。たとえば、短期的に10倍のリターンが得られる銘柄でなくとも、中長期目線で着実にリターンを積み重ねる銘柄を複数保有すれば、一つの「10倍株」と同じくらいのリターンを得ることができます。テクノファンダの会では複利で年間1・5倍ずつ資産を増やすことを一つの目標としていますが、すると6年間で約10倍のリターンを得られることになります。

皆さまがこれまでに貯めた大切な財産を無謀な投資でなくしてしまうことのないよう、本書を通して相応の知識をしっかり身につけて、株式市場に立っていただきたいと思います。投資を始めたものの負けが続いていたという方も、テクノファンダという手法を実践するうえで投資へのスタンスをあらためて見つめなおし、投資の楽しさを感じていただければ、私たちにとって望外の喜びです。

2021年9月　千葉薫、山本勝秀

千葉 薫（チバ・カオル）
株式投資塾「テクノファンダの会」講師、ファイナンシャルプランナー。TDnetを中心に分析するファンダメンタルズ分析を得意とする。準大手証券会社に営業マンとして勤めたのち、ゲーム会社に転職し、子会社の代表等を経て独立。テクニカル分析を得意とする山本勝秀氏とともに、株式投資未経験者・経験者を対象に、株のテクニカル分析とファンダメンタルズ分析を中心にレクチャーする株式投資塾「テクノファンダの会」を設立。

山本勝秀（ヤマモト・カツヒデ）
株式投資塾「テクノファンダの会」講師。元準大手証券会社の営業マン。国際テクニカルアナリスト連盟認定テクニカルアナリスト（CFTe®）。投資歴35年のキャリアをもち、外務員、日本株ファンドの運用も経験。波動を見極めたチャート分析に定評がある。

●テクノファンダの会　https://technofunda.jp/

編集協力　ブランクエスト
　　　　　西村有樹
装　　丁　クマガイケンジ
図　　表　フロムボンド
本文DTP　Kumagaigraphix

制作　坂野弘明
宣伝　細川達司
販売　中山智子
編集　宮澤明洋

初心者でも買うべき銘柄と売買のタイミングがよくわかる！
テクノファンダ分析で学ぶ
失敗しない投資法

2021年11月2日　初版第1刷発行
著　者　千葉 薫・山本勝秀

発行者　水野麻紀子
発行所　株式会社小学館
　　　　〒101-8001　東京都千代田区一ツ橋2-3-1
　　　　電話　編集03-3230-5890
　　　　　　　販売03-5281-3555
印刷所　萩原印刷株式会社
製本所　株式会社 若林製本工場

Printed in Japan　ISBN 978-4-09-310694-8